U0094728

学校では教えてくれない　自分を休ませる方法

學校沒教的

最高休息法

讓身心煥然一新的自我照顧指南

井上祐紀——著　許郁文——譯

前言

成為精神科醫師之後，我每天都與許多孩子、大人接觸。即使在二〇二〇年春季，首波新冠疫情爆發、政府發布緊急事態宣言時，因為身心不適而來到醫院的孩子也並未因此減少。在那個當時停止上學，全家被迫待在家裡的情況之下，應該有不少人都覺得痛苦，心理健康也一點一滴地被侵蝕。

在這種情況下，孩子們會出現兩種不合理的放假方式，一種是配合大人或社會的情況，被迫長時間停課，另一種則是暑假莫名變短。

或許大家會覺得，既然停課，暑假當然也要跟著變短。但是，當孩子們的假期被迫配合社會的情況調整，導致孩子們的健康可能因此受損時，我們就不能小看休息的意義與價值。

我認為，在這個充滿變數的社會裡，我們應該重新評估休息的價值，因為這能幫助孩子們保護自己、積累力量。遺憾的是，就現況來看，除非孩子身體不適或生病，否則一定得到學校上課，這也讓那些因為各種理由而長期無法上學的孩子感到不安。

無論是短期還是長期休息，為了讓孩子能夠正正當當地透過休息保護自己，我覺得應該將是否休息的決定權交還給孩子。我也希望透過本書介紹更理想的「休息方式」，幫助孩子們在這個充滿變數的時代，擁有更美好的生活。

井上祐紀

前言 2

Chapter 1 什麼叫做「休息」？

- 一起思考「休息」的意義吧 10
- 內心想要休息的警訊 12
- 「這種時候」，就需要立刻休息 14
- 學校放假不等於休息 16
  - 設定各階段目標的方法 18
- 幫助自己的三個步驟 20

整理1 找出「讓你覺得痛苦的原因」 22

整理2 發生了什麼——找出引發感受的「導火線」 24

整理3 有什麼感受——了解事件發生當下的感覺 26

整理4 結果如何——檢視事件發生後的自己 28

求助1 找出「窗口諮詢對象」 30

Chapter

2

煩惱對策：自己的心靈與身體

求助2 安全的諮詢對象&應該保持距離的諮詢對象 32
分辨「安全的諮詢對象」&「應該保持距離的諮詢對象」的方法 34
對策1 回想痛苦發生前的自己 36
對策2 試著觀察討厭的心情 38
對策3 讓現在的自己接近「最原本的自己」的方法 40
對策4 透過兩種技巧對抗討厭的想法 42

● 睡不著&睡很久還很想睡 46
● 沒有食慾&忍不住吃太多 52
● 作為目標的活動停辦了 58
● 在意自己的外表 64
● 戒不掉電動 70
● 想傷害自己 76

• 覺得自己消失比較好 82

Chapter 3
煩惱對策：人際關係

• 明明不想生氣卻忍不住發火 88
• 不想被朋友看到長期沒去上學的自己 94
• 覺得自己被朋友討厭 100
• 在學校沒有想說話的朋友 106
• 和父母親待在一起就覺得很煩躁 112

Chapter 4
煩惱對策：如何好好休息

• 真的想休息卻無法好好休息 118
• 很擔心別人對我請假的看法 124

Chapter

5

實作練習：休息的第一步

● 不喜歡父母一直叫我要讀書、要幫忙 130
● 不知道要不要回覆社群媒體的訊息 136
● 學校的團體活動讓我很痛苦 142
● 不知道為什麼要去學校 148
● 將注意力放在「當下」，讓自己不被壓力壓垮 154
● 專注當下的呼吸法 156
應用 專注當下的散步法 158
應用 專注當下的美食報導法 159
● 讓兩個自己交換意見 160
● 與「成熟的自己」對話 162
● 保護自己的人物對抗戰 164
● 好事筆記本 166

應用 積極樂觀對話法 168

番外篇

給大人們的話

- 大人對小孩抱持的「三種期待」 170
- 向學校請假不一定比較輕鬆 174
- 透過「自願休學儀式」分享生活的規範 176
  - 第1階段 確保人身安全的階段 178
  - 第2階段 保持睡眠與飲食均衡的階段 180
  - 第3階段 可以做喜歡做的事情的階段 182
  - 第4階段 朝未來邁進的階段 184
- 充滿攻擊性的態度，或許象徵著「未能實現的希望」 186
- 不要一直追問「為什麼」想休息 188
- 煩惱時可以獲得支援的諮詢窗口與網站 190

Chapter

1

什麼叫做「休息」？

一起思考「休息」的意義吧

大家對「休息」這個字眼有什麼印象呢？不去學校上課、不去參加社團活動……「休息」似乎給人一種「沒做該做的事」的負面印象。

不過，「休息」的本意，其實是讓自己身心煥然一新的意思。每個人都一定需要休息，就算是小朋友，也可以因為某些原因而決定「不去學校上課」，讓自己有機會休息。我覺得應該將這種情況形容成「自主休息」，而不是「曠課」。

Chapter
1

「休息」到底是什麼？

不要只將注意力放在負面的印象，也應該用正面的角度看待

正面印象

- 消除身體的疲倦
- 消除內心的倦怠
- 讓身心煥然一新
- 轉換心情
- 自由地享受快樂

負面印象

- 怠惰
- 偷懶
- 沒做該做的事
- 逃避該做的事
- 不夠努力，不懂得忍耐

內心想要休息的警訊

運動過度時，會覺得肌肉痠痛或是疲倦，這都是身體發出的警訊，告訴我們它很「疲勞」。同理可證，當內心承受太多壓力時，一樣也會覺得疲倦，只不過，這類警訊很難自行察覺，加上人們往往會告訴自己「大家的感覺應該都差不多」，而選擇隱藏痛苦、默默忍受。

不過，大家可不能小看壓力喔。**當心靈感到疲憊時，就會對生活造成影響。**如果出現下列警訊，就早點讓自己休息吧。

壓力警訊的範例

反映在心情上的徵兆

害怕去學校
一想到學校就快哭出來
總是煩躁不安
總是心急焦慮
對原本喜歡的事提不起勁
想要傷害自己的身體

反映在身體上的徵兆

早上爬不起來
平日早上時，身體會不舒服
晚上睡不著
明明睡得很久，但還是很想睡
沒有食慾
暴飲暴食

反映在行為上的徵兆

一直拖延，不想上學
無法專心學習
覺得跟別人說話很麻煩
變得易怒

「這種時候」，就需要立刻休息

「休息」代表遠離讓自己痛苦的事物，具有「保護自己」的重要意義。痛苦的原因很多種，而這些痛苦之所以會對人造成莫大的壓力，是因為危及了「安全」與「健康」。

所謂的「安全」，就是身心受到保護，安心放鬆的狀態。除了隨時可能遭受暴力的情況，被他人忽略或是內心有可能受傷的情況，也都不算是真正的「安全」。

至於「健康」，則是身心沒有承受多餘的負擔，生活充滿活力的狀

態。太用功讀書、過度沉迷於社團或是學才藝，抑或一直將生病的事情藏在心裡，都會讓我們變得不健康。如果學校環境與自己的個性太過格格不入，也會慢慢影響我們的健康。

當安全與健康受到威脅時，就應該立刻讓自己休息。首先要讓自己遠離痛苦來源，好好地儲備力量！找回充滿活力的自己，就能找到解決問題的方法。

讓自己休息的關鍵，在於「在想要休息的時候休息」。學校給人一種「如果沒有生病或受傷，就不該請假」的印象，但是當我們覺得自己的安全與健康受到威脅時，就應該休息，才能保護自己。

學校放假不等於休息

「讓自己休息」，並不等於「不去學校上課」。如果是壓力不算太大的狀態，可以一邊上學，一邊讓身心徹底休息。反之，如果壓力來自學校以外的地方，就算不去上課也無法好好休息。

學會讓自己休息的方法之後，那些反映在心情、身體與行為的壓力警訊（第13頁）會跟著減少，也就能開始思考想做的事情。

要注意的是，要根據自己的狀況選擇「想做的事情」。假如身心都很

疲憊，恐怕很難達到「每天去學校上課」這個目標。所以，一開始可以把「稍微努力就做得到的事情」設定為「想做的事情」，等這個目標完成後，再挑戰難度更高的目標，才是比較理想的做法。

請大家先看看下一頁的圖。你現在正處於哪個階段呢？了解自己所處的階段後，再試著思考「想做的事情」。**最理想的目標，就是「有時做得到，有時做不到」的事情。**對現在的你來說，那些「絕對做不到」或是「絕對做得到」的事情，都有可能是太困難或太容易的目標。

挑出難度適中，而你又想達成的目標，確保自己能夠好好完成，再進入下個階段。建議大家不要急、不要慌，慢慢地一步一步往上爬就好。

一階一階，
慢慢地
往上爬吧

GOAL!

能去學校的日子
越來越多

每個月自主停課幾次之餘，
養成上學的習慣

開始去學校上課，但時間不會太長

培養週末外出的習慣

能夠享受自己喜歡的事情

調整飲食與睡眠的規律

遠離危及安全與健康的事物

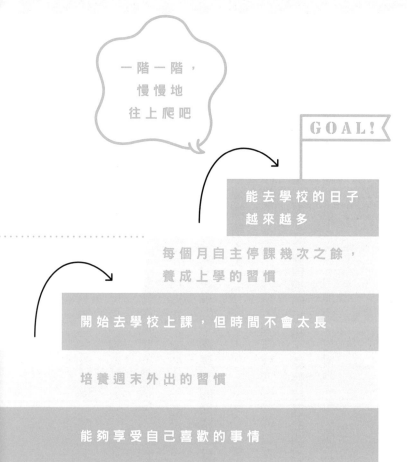

設定各階段目標的方法

※以「回歸學校生活」為目標

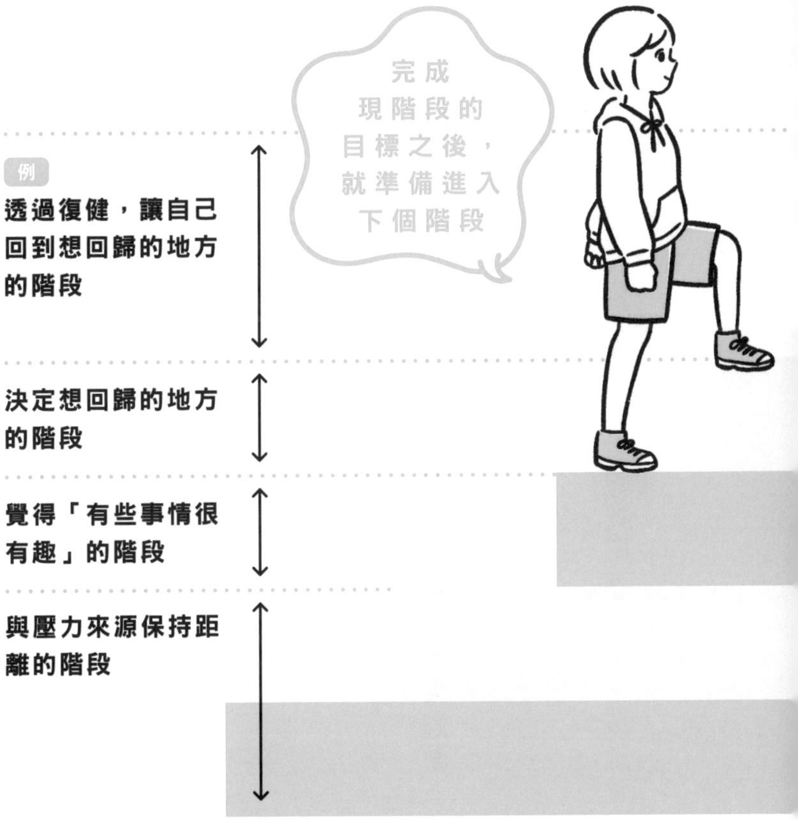
完成
現階段的
目標之後，
就準備進入
下個階段
例
透過復健，讓自己回到想回歸的地方的階段
決定想回歸的地方的階段
覺得「有些事情很有趣」的階段
與壓力來源保持距離的階段

幫助自己的三個步驟

當你覺得很難受的時候，可以試試「幫助自己」的三個步驟。最基本的流程，就是「整理→求助→找出對策」。

覺得難受或是壓力很大時，最不推薦的方法就是自己一個人悶著，不找任何人商量。儘管有時候大人會希望你這麼做，但你**不需要一個人忍耐所有討厭的事，也不需要一個人解決所有的問題**。

討厭的事情讓你覺得很煩，痛苦的事情讓你覺得很難受。只要是人，自然就會有這些感受，完全不需要告訴自己「其實沒什麼大不了」，或是

「大家的痛苦都差不多」。

每個人的感受以及看待事物的方式都不一樣，有些事情對別人是小事，對你卻是大事，反之亦然。重點在於你的感受。如果覺得自己很難受、很痛苦，最好用心地對待、處理這些感受。

要幫助自己面對這些事情，就需要依靠周圍的力量。沒有人能夠獨自面對那些折磨自己的事情。如果無法單憑自己的力量面對這些事情，那就尋求他人的幫助，讓他們助你一臂之力。

話說回來，並不是實踐了這三個步驟，就能立刻解決所有的煩惱。但是，這能幫助你察覺自己真正的感受，進而開始思考「現在能做的事情」，找到面對這些煩惱或痛苦的方法。

整理 1

找出「讓你覺得痛苦的原因」

在幫助自己的三個步驟之中，最重要的步驟莫過於「整理」。**「整理」的目的，在於了解自己身上發生了什麼事情。**之後便能開始思考向誰求助，或是該如何擬定對策，解決問題。

有時候我們會感到痛苦或難受，卻不確定原因為何。在這種情況下，首先該做的是確認自己需要整理的事。試著按照下一頁的表格，列出「讓你覺得有壓力的情境」以及「痛苦程度」，接著從「痛苦程度」較高的情境開始整理。

一起確認哪些事情讓你感到痛苦？

	覺得有壓力的情境	痛苦程度（滿分為10）
例	段考成績下滑	7
	社團的比賽輸了	4

整理 2

發生了什麼

找出引發感受的「導火線」

當你知道哪些事情讓你難受後，接著就可以開始整理這些事情。**整理的基本流程，就是「發生了什麼」↓「有什麼感受」↓「結果如何」**。第一階段就是察覺自己發生了什麼事情。

以前一頁提到的「段考成績下滑」為例，「發生了什麼」對應的就是「考試成績不理想」。

在察覺發生哪些事情的時候，只需要將注意力放在實際發生的事件，**不需要思考「為什麼會發生這些事」，或是「因為誰才發生這些事」**。請試

著將「事實」與「自己的心情或想法」區分清楚。這個階段的重點，在於將注意力放在自己身上發生了什麼事，以及告訴自己「因為發生了這件事，所以才覺得難受」。

因此，當你列出「發生了什麼」時，正確的方式是單純寫下「考試成績不理想」，而不是「因為不夠用功，所以考試成績不理想」。因為「不夠用功」這部分只是你的想法，不屬於「事件」本身。

在執行「整理」這個步驟時，偶爾得回想討厭的事情，或是面對自己的心情，所以有時候反而會變得更難受。如果真的很難受，可以先暫停這個步驟，等到覺得「可以再試著整理這些事情」時，再嘗試挑戰。

整理

3

有什麼感受

了解事件發生當下的感覺

了解讓你難受的事件，也就是知道「發生了什麼」之後，接著就可以整理「有什麼感受」。在這個階段，要將注意力放在「發生了什麼」之後的感受。

此時的重點，在於正確地分辨感受（情緒）與想法（思考）。舉例來說，「考試考不好，很難過」屬於你的感受，但是「擔心被父母親責備而感到沮喪」則屬於你的想法。因為這部分除了包含你的情緒，也包含對「父母親如何看待成績下滑這件事」的思考。

這個階段的重點在於認清自己最純粹的情緒，察覺真正的心情，讓自己能夠面對這些心情。

就算無法將「感受」表達得很完整也沒關係，因為有些情感是難以用語言確切表達的。

「覺得心裡很悶」、「有種莫名不舒服的感覺」，利用這種模糊的形容，或是用只有自己才懂的方式描述感受也無妨。如果實在難以用言語描述，也可以改用符號、圖案或是糾結的線條來表達。重點在於直接了當地記錄下自己的感受。

之所以要在「整理」這個步驟寫下感受，是為了方便自己之後回顧。

因為不需要給別人看，所以能坦率地吐露自己的心聲。

整理
4

結果如何

檢視事件發生後的自己

在「發生了什麼」列出那些讓你痛苦的事情之後，你會產生許多「感受」。**而在整理「結果如何」的這個階段，則可以知道那些情緒讓你「哪裡變得跟以前不太一樣」。**

如果發生了快樂、愉快的事情，心情會變得輕飄飄的；如果發生了討厭的事情，心情就會沮喪或是變得痛苦……我們的情緒總是會因為身邊的大小事情而改變。所以當你覺得痛苦，通常代表現在的你跟「經歷痛苦之前的你」有一些不一樣的地方。

首先，請試著回想那些難過的事情發生之前的生活，接著重新檢視「現在」。之前跟現在的生活有什麼不一樣嗎？比方說，在考試之前，你每天都很用功讀書，但是成績下滑之後，你有可能提不起勁，變得不想讀書。這種時候，「變得討厭讀書」就是所謂的「結果」。

在整理「結果」時，可以試著列出行為或是情緒。重點在於只需要列出「屬於自己的事情」，不需要考慮別人或是周遭的環境發生了哪些變化。因為此時真正重要的，是透過那些難過的事情，察覺自己產生了「哪些改變」。

第2～4章會根據「發生了什麼→有什麼感受→結果如何」的流程，介紹並整理各種煩惱的實際例子，提供大家在進行「整理」這個步驟時作為參考。

求助

1

找出「窗口諮詢對象」

覺得難過或痛苦的時候，請注意不要過度努力逼自己「得想想辦法解決問題」。要習慣與煩惱相處、學會讓自己休息，就得試著向別人「求助（諮詢）」。

向別人求助的目的主要分成兩種，**第一種是請別人傾聽你的心情。**在了解自己發生了什麼事情之後，若能得到別人的共鳴和「原來是這樣啊」的認同，你的內心也能稍微獲得喘息與沉澱。

第二種目的，是讓對方成為你的「窗口」。有些煩惱必須借助大人的

力量才能解決，此時可以向某些人尋求幫助，讓你解決這些煩惱。

我將滿足這兩個條件的人，稱為「窗口諮詢對象」。請將值得信賴的人當成你的「窗口諮詢對象」。最理想的對象，就是身邊的大人。舉例來說，父母親當然是首要的人選，學校的老師、輔導老師，或是學校之外的大人，例如才藝班的老師都是不錯的選擇。如果實在找不到可以諮詢的大人，可以試著在朋友之中尋找合適的人選。

此外，「窗口諮詢對象」必須是在「現實世界」認識的人，最好不要找網路上的朋友，這樣會比較安全。如果實在找不到諮詢對象，可以利用專門的諮詢窗口，與專家諮詢。

求助

2

安全的諮詢對象&應該保持距離的諮詢對象

找到「窗口諮詢對象」之後，可以依照前述介紹的「發生了什麼↓有什麼感受↓結果如何」流程，試著聊聊自己的心情。不過，在尋找「窗口諮詢對象」時，有一些要注意的事項。因為看起來「似乎是個好人」或是「可能會支持你」的人，對你而言不一定是優秀的諮詢對象。

傾吐內心的痛苦是件很辛苦的事。如果你說出了所有的難過，對方卻不懂你的心情，或是換來一頓說教的話，只會讓你的心情變得更糟糕。所以在選擇求助的對象時，第一個條件就是「不會對你造成危害」。

要分辨對方是否會對你造成危害，總共有三個重點。第一個重點是不會強迫你接受他的結論，第二個重點是不會否定你的心情，第三個重點是讓你多表達，而不是一直搶著發言。滿足這三個條件的人，才是「安全的諮詢對象」。反之，如果少了其中一個條件，那麼對方就是「應該保持距離的諮詢對象」。

在尋找「窗口諮詢對象」的時候，建議至少與三位對象諮詢，再根據下一頁的列表觀察對方的反應，判斷對方是否為「安全的諮詢對象」。

如果期望「窗口諮詢對象」是「完全支持自己」的人，可能會很難找到合適的人選。所以，不妨將「看起來不像敵人」或是「不太討厭的人」當成潛在的窗口諮詢對象。

分辨「安全的諮詢對象」&「應該保持距離的諮詢對象」的方法

安全的諮詢對象
尊重你的想法
不會否定你的情緒
不會急著說結論
能夠保守祕密
不懂的事情就說不懂
能與你產生共鳴

應該保持距離的諮詢對象

對策

1

回想痛苦發生前的自己

在「整理」這個階段，有時候可能會無法將「結果如何」列出來。通常是因為無法順利地回想起「痛苦發生前的自己」，所以不知道自己因為那些痛苦的事情發生了什麼改變。

痛苦發生前的自己，就是還沒被那些痛苦影響的自己，也是最原本的自己。如果完全回想不起最原本的自己，不妨試著進行下一步，也就是「找出自己不為人知的強項」。當你試著整理過去的自己，說不定就有機會找到那個「最原本的自己」。

為了回想起「最原本的自己」試著找出不為人知的強項

		[例]
1	試著回想念小學之前以及念小學之後，印象特別深刻的事情。	常常跟同學A在外面玩
2	試著寫出幾個1的事件對你造成的「正面影響」。	和同學A一起玩很開心
3	試著寫出幾個1的事件對周邊造成的「正面影響」。	有機會跟其他的小朋友玩
4	寫出那時候的自己有什麼願望	希望一直在外面玩
5	寫出為了這個願望做了哪些努力，但是卻沒有成功的事情	希望能一直玩下去，但是太晚回家的話，就會被父母親罵

自行解決，結果卻不太完美的事情 ＝ 不夠成熟的對應方式

6	試著寫出在多次失敗之後找到的成功方式	盡可能在離家比較近的公園玩，避免太晚回家

想到了更好的方法 ＝ 你的新強項

對策 2

試著觀察討厭的心情

當痛苦的心情占據了整個思緒，就會讓你每天只想著討厭的事情。不過，如果將注意力轉向那些美好的瞬間，或許就會覺得「其實那些事情沒那麼討厭」，例如吃到美食，或是聽到喜歡的音樂時。就算這些瞬間不足以讓你大喊「太棒了」，至少也會讓你覺得「還不錯」對吧？其實這種狀態的你，才是「最原本的自己」。

就算現在的你看起來跟「最原本的自己」不太一樣，也不代表「最原本的自己」消失了。在遇到難過的事情之後，你會感覺自己像是被捲入由

不爽的心情、負面的情緒和累積已久的壓力形成的「漩渦」之中。正因為如此，你才暫時無法看清「最原本的自己」。

你是否曾經突然想起「咦？我以前很常這樣做耶」，而回憶起過去的心情或是行為呢？這代表「最原本的自己」還活在你的心中。只要能想起經歷痛苦前的自己，就表示你隨時都能回到那個「最原本的自己」。

進入擬定「對策」的階段之後，目標是讓現在的你一步步回到「最原本的自己」的身邊。**想起「最原本的自己」之後，請試著「觀察」那些影響現在的你，讓你的行動受到影響的負面情緒與想法。**當你開始觀察，是不是就會想要看清這些情緒或想法的全貌？此時你可以嘗試退一步，從不同的角度觀察自己的狀況，有時就能因此走出那個名為痛苦的漩渦。

對策 3

讓現在的自己接近「最原本的自己」的方法

在進行「整理」時，請務必依照「發生了什麼↓有什麼感受↓結果如何」的順序進行，因為情緒會隨著發生的事件而改變，而這個順序是無法顛倒的。換句話說，**負面的情緒總是伴隨著事件的發生，從外部的世界進入你的心中。所以，只要懂得巧妙應對，就能自己將這些情緒驅逐出去。**

最能幫助你趕走那些負面心情的方法就是放鬆。如果你想讓自己不那麼痛苦，想讓自己回到那個「最原本的自己」，放鬆是非常有效的方法。建議大家花兩分鐘的時間，試著實踐下一頁介紹的方法。

讓自己放鬆的方法

拉麵呼吸法

1 想像眼前有一碗很美味的拉麵。

2 像要聞聞拉麵香味一樣，緩緩地從鼻子呼吸。

3 像是要把拉麵吹涼般，從嘴巴緩緩地吐氣。

蝴蝶擁抱

1 請回想讓你放鬆的場景。

2 雙手在胸前交叉。

3 讓左右手的指尖輪流輕拍胸口。

肌肉鬆弛法

1 雙手緊緊握拳5秒。

2 張開雙手，完全放鬆15秒。

3 重複步驟1、2，感受手部與手臂的肌肉放鬆。

對策 4

透過兩種技巧對抗討厭的想法

在大多數情況下，不安、煩躁、焦慮這類情緒不只包含了「感受（情緒）」，還與你的「想法（思考）」有關。那麼，情緒與思考有什麼不同呢？情緒是「難以化為言語的感受」，與它相對的思考則是「可以透過語言表達的想法」。比方說，「因為成績下滑而難過」屬於情緒，「只能考出這種成績的我真是廢物」則屬於思考的部分。

情緒與思考通常會一起出現，而且在大部分的情況下，負面情緒往往會伴隨著消極的思考，進一步加劇痛苦的感受。之所以要在「整理」階段

將注意力放在自己的情緒或是「有什麼感受」，是為了避免陷入那些只會讓你更痛苦的想法之中。

當你發現「負面思考開始浮現」，可以透過兩個方法幫助自己擺脫這類情況。**第一種是「深深吐氣」。**當你發現腦海浮現負面的想法，你可以深深地吐氣，讓那些事情過去。**第二種是「回嘴技巧」。**舉例來說，當「我真是個廢物」這個想法浮現時，你可以反過來對這個想法說：「我才沒那麼沒用！」透過這兩種技巧讓負面思考停止之後，你或許就不會那麼難過了。

需要留意的是，這兩種技巧與前面介紹的放鬆技巧，都只能對付痛苦等級沒那麼高的事情。如果是非常痛苦的問題，還是得尋求幫助與花時間面對。

與負面思考對抗

〔 深深吐氣 〕

思考
我真是個
廢物
情緒
成績下滑，
很難過
嗯～原來我認為
自己是個廢物啊

先面對負面思考，
再深深吐氣，
讓負面思考過去。

〔 回嘴技巧 〕

思考
我被
討厭了嗎？
情緒
朋友拒絕我的
邀約，讓我覺
得很可惜
只是朋友剛好
沒空而已啦！

浮現負面思考後，
正面回擊這些思考。

Chapter

2

煩惱對策

自己的心靈與身體

自己的心靈與身體

case 01

睡不著&
睡很久
還很想睡

例如，發生了這樣的事……

1	發生了什麼 事件或事情	明天明明要上學，卻睡不著。／明明睡得很好，上課的時候還是很想打瞌睡，所以被老師罵。
2	有什麼感受 情緒、感覺、想法	因為睡眠不足，所以很擔心上學。／知道不能在上課的時候睡著，但是好痛苦。
3	結果如何 有了什麼改變	躺進被窩反而變得清醒。／開始覺得自己是個沒用的人。

壓力有時會打亂睡眠的規律

覺得很累或是不開心，有時會讓人沒辦法入睡。而睡眠規律被打亂的模式大致分成兩種，分別是「睡不著」以及「睡很久，但還是很想睡」。

想睡但睡不著的時候，不需要逼自己睡覺

睡覺的目的在於讓身體和心靈得到休息。為了達到這個目的，得先關掉大腦的開關。當這個開關無法正常切換時，就會變得想睡也睡不著。

壓力會給大腦各種刺激，因此當我們持續承受壓力時，大腦就會一整

天都很緊繃。這時，即使你告訴大腦「時間到了，該睡覺了」，大腦也沒辦法立刻放鬆。明明已經很疲憊、很想休息了，卻無法脫離「開關開啟」的狀態，也就是無法順利地從開切換成關，從活動切換成休息的模式。

睡不著的時候，不必一直告訴自己「我得快點睡著」。**如果躺進被窩15分鐘都還很清醒，就先不要睡覺。**可以去別的房間，享受一下安靜的感覺，聽聽音樂、看看漫畫或是讀點課外讀物，然後再回到被窩試試看能不能入睡。

如果想睡卻睡不著，會很擔心「明天還要上學」或是「到天亮都睡不著怎麼辦」，而這些壓力會一直刺激大腦，讓你無法關掉開關。所以請先做做別的事，切換心情會比較好。

此時的重點在於「離開被窩」。如果明明睡不著，卻逼自己躺在被窩裡，之後就會養成躺進被窩也睡不著的壞習慣。

因為睡不著而離開被窩時，盡量不要滑手機或是看電視，因為強光會刺激大腦。可以的話，最好在睡前的30分鐘～1小時都不要滑手機。

明明睡很久卻還是想睡，就重新檢視睡眠時間

當身心因為壓力陷入疲勞，就有可能必須睡得比平常久，才能消除疲勞。也正因為如此，跟平常精力充沛時相同的睡眠量是不夠的，所以才會一整天都昏昏欲睡。

此外，還可能有一種情況，是原本就睡眠不足。一般認為，在十幾歲的時候，每天需要睡足8～10個小時。當睡眠時間低於這個標準，就有可

能會莫名累積疲勞。

比方說，本來該睡9小時，結果只睡了6小時的話，就等於一天欠下了3小時的「睡眠債」。如同欠債就得還錢，睡眠債也一樣得償還。所以若是一整天都很想睡，連假日也累得不想活動，這證明你欠了不少「睡眠債」。

一直處於睡很久也睡不飽的狀態，就會覺得自己是個懶惰蟲，或是因為自己變得有點不正常而不安。但其實在大多數的情況下，想睡覺都是因為欠下了「睡眠債」。順帶一提，「平日多努力一點，再趁假日補眠」是不可行的，因為人體沒辦法「補眠」。

每個人需要的睡眠時間不一樣，而且身心的狀態也會影響睡眠時間的長短。在責備自己「不能一直睡覺！」之前，請先檢視自己最近的生活。

如果覺得自己欠了不少「睡眠債」，就要想辦法增加睡眠時間。

要彌補不足的睡眠，就得減少其他活動的時間，來增加睡眠時間。此時也有可能需要與家人、學校討論，調整去學校、補習班、才藝班的時間，讓自己有多一點時間休息。

一旦習慣了睡眠不足的生活方式，你可能會抗拒為了增加睡眠時間而向學校請假這件事，而且覺得沒必要。但是我想告訴大家，睡覺並不是怠惰的表現，而是維護健康的關鍵。預留需要的睡眠時間，是讓自己好好休息的基本條件。

自己的心靈與身體

case 02

沒有食慾&忍不住吃太多

例如，發生了這樣的事……

1	發生了什麼 事件或事情	肚子不餓，但爸媽責備我要好好吃飯。／忍不住吃太多。
2	有什麼感受 情緒、感覺、想法	就算吃不下也無所謂。爸媽真煩。／吃完之後就後悔了。
3	結果如何 有了什麼改變	體重減輕。／體重增加。

感覺不到飢餓的兩個原因

食慾不振的原因主要分成兩種。**第一種，是因為活動身體的機會減少了。**舉例來說，新冠疫情爆發後，許多學校都停課，大家外出的機會也大幅減少。我周圍似乎也有不少人因為活動量突然減少，而出現食慾不振的情況。

第二種，是由於內心累積了太多煩惱。心中有許多不安，而這些厭惡的事情與焦慮帶來的壓力，也會讓人很難察覺到飢餓感。

一個人如果因為沒有食慾而吃得少，或是乾脆不吃，久而久之可能就會認為「不吃也無所謂」。但是為了健康，正常吃三餐是非常重要的事。

如果體重已經開始下滑，就以「回復到健康時的體重」為目標吧。

飯吃得不夠，可能會導致專注力下滑、月經失調等等，對健康造成危害。此外，體重減輕有時候會讓人莫名精力充沛，甚至覺得變瘦很有趣，但要特別小心這種心態，因為這很可能會成為「為了減重所以不吃東西」這種惡性循環的開端。

一旦身心都出了毛病，有時就會無法做自己想做的事。專注力下降的話，努力讀書也得不到好的結果；或者體力變差的話，連週末都懶得和朋友出去玩。你不覺得這樣的生活很無趣嗎？為了讓自己維持在可以做想做的事的狀態，適當飲食、認真吃飯是很重要的。

在食慾不振的時候，只依靠身體產生的飢餓感並不能判斷是否應該進食。因此，如果只等到「肚子餓了」才吃飯，可能會導致進食的次數和份量都不足。**就算不覺得餓，也要在固定的時間吃飯，並且每天吃三餐，維持與體重減輕前相同的飲食習慣。**

忍不住吃個不停，是透過吃在掩飾心中的痛苦

大多數情況下，會忍不住吃個不停，是因為內心有部分的自己必須「靠進食才能冷靜下來」。這種狀況並不是因為肚子餓才吃飯，而是被逼到不得不藉由吃東西，來掩蓋痛苦的心情。

這時候的當務之急，就是先試著面對壓力來源。透過「發生了什麼↓有什麼感受↓結果如何」的流程，整理最近在自己身邊發生的事情，再試著寫在筆記本上面。

當你查看自己寫下的內容時，就會逐漸了解自己「在什麼時候、感受到什麼時，最容易無法停止吃東西」。知道這些事情之後，就可以試著向「窗口諮詢對象」求助，並一起思考對策。

感覺不到食物的「美味」，其實是因為肚子並不餓

要調整失調的進食規律，通常是需要時間的。建議大家一邊尋求「窗口諮詢對象」的協助，一邊試著去做「現在自己能做的事情」。

在此要請大家試著將注意力放在吃飯時的感覺與心情。如果在吃飯時，能感覺到食物「很美味」，並且會為此滿足，那就是正常的飢餓感，意味著你的身體需要進食。反之，如果再怎麼吃都感覺不到美味，也沒有

任何滿足感，就代表是為了忘掉痛苦才進食，實際上你的肚子並不餓。

如果你在不該肚子餓的時候卻突然想吃東西，不妨先遠離食物，花個30分鐘做別的事情。比如聽聽音樂、看看電視或是去外面散步，做什麼都可以。

暫時遠離食物後，你可能會發現自己「其實並不是真的想吃東西」。如果你意識到了這點，**請試著回想自己想吃東西時所感受到的情緒。**

討厭跟朋友爭吵、很擔心段考的成績……。了解自己的感受之後，試著同情自己的痛苦、與如此煩惱的自己產生共鳴，就像朋友在跟你傾訴他們的煩惱時一樣。「原來你這麼痛苦啊」、「你很擔心對吧」。試著像這樣自言自語，或許就能緩解心中的痛苦了。

自己的心靈與身體

case 03

作為目標的活動停辦了

例如，發生了這樣的事……

1	發生了什麼 事件或事情	本來要跟大家一起參加的社團比賽取消了。
2	有什麼感受 情緒、感覺、想法	明明為了比賽努力了這麼久，很不甘心、很痛苦，不知道接下來該以什麼為目標。
3	結果如何 有了什麼改變	沒辦法專心上課。

不需要勉強自己改變心情，只需要正視負面情緒

之所以能為了比賽努力練習，或是為了活動努力準備、為了考試努力讀書等等，都是因為有「要贏得10月1日的比賽」這種明確的目標。只要知道到了某個時候就能展現努力的成果，就能夠告訴自己「就努力到那個時候吧」。不管練習或讀書有多麼痛苦，都能夠樂觀地告訴自己，現在的努力終將開花結果。

假如在努力的時候突然被奪走了目標，就可能會造成很大的壓力。感覺之前的努力都白費了，確實讓人非常痛苦，會覺得再怎麼努力也沒有用，認為每天的生活很無聊……會這樣反應也是正常的。

身邊的大人可能會勸你調整心情，另外找個目標或是興趣，但是在這種時候，其實你不用急著切換心情。**不需要硬逼自己樂觀，先好好面對自己的負面情緒。**

可試著與夥伴一起嘗試的三個步驟

因為失去目標而覺得痛苦時，不妨與擁有相同感受的夥伴聯繫吧。舉個例子，整個社團要一起參加的比賽突然被取消時，跟同社團的朋友就有了共同話題，也更能夠了解彼此的心情。

有些之前一起努力準備的朋友，看似已經轉換了心情，但他們其實有可能也很不甘心或是難過。如果曾經為了目標很努力，他們的心情不可能說切換就切換的。

找到有相同感受的夥伴之後，可以建立一個聊天群組，或是大家聚在一起散散心，然後再試著進行下列三個步驟。

步驟一：互相傾訴心聲。讓不甘心、憤怒、遺憾這些情緒化為言語。

或許會難過到哭出來，也可能會氣到發抖，但不管是怎樣的情緒，你最需要珍惜與面對的都是自己。所以，不要忽略這些情緒，而是要仔細體會這些情緒。當你能夠讓這些情緒化為言語，就可以進入下個步驟了。

步驟二：互相認可彼此的努力。跟夥伴彼此分享自己做了哪些「努力」，並把注意力放在這些努力上面。

「還記得春季練習賽的時候，我們傳球傳得超好的對吧」、「明明有很多沒學過樂器的一年級新生，但後來他們都被教得很好對吧」，不管想到什麼都能提出來。雖然還沒脫離難過或痛苦的情緒，但如果與夥伴提出這些事情之後，能夠覺得「過去能夠這麼努力，實在太好了」，就能進入最後一個步驟。

步驟三：和同伴一起想像「如果努力得以開花結果」。如果比賽沒有停辦的話，結果會如何？請試著大家一起開心地想像。

「如果能夠參加比賽的話，我們早就拿到冠軍了啦！」、「演奏結束後，全場一定是掌聲如雷的吧？」請試著想像這類正面的結果，不需要計較自己是否真的有拿到冠軍的實力。就算這些想像偏離現實也無妨，請開心地與夥伴聊聊「要是能夠這樣就好了」的話題。

想要向前看，就要充分感受痛苦與悲傷

與朋友一起進行這三個步驟，是為了讓大家能夠認可「努力過的自己」。當你能夠打從心底認為自己「做得很好！」時，就能對努力過的自己說聲「辛苦了」，同時為過去畫上句號。

如果嘗試了三個步驟還是覺得不痛快，這代表步驟一或二做得不夠徹底。可行的話，請重新執行步驟一。

這三個步驟必須要與別人一起進行，感受所謂的「同仇敵愾」才有意義。如果很難找到一起執行這三個步驟的人，也可以試著依照步驟一～三的順序，與「窗口諮詢對象」分享心情。

自己的心靈與身體

case 04

在意自己的外表

例如，發生了這樣的事……

1	發生了什麼 事件或事情	看到鏡子裡的自己。
2	有什麼感受 情緒、感覺、想法	覺得自己不可愛、不帥，覺得外表不出眾的自己很不幸。
3	結果如何 有了什麼改變	不想出現在大家面前。總是把帽子戴得很低，不想被別人看到臉。

找出開始在意外表的契機

進入青春期之後，每個人都會不知道該怎麼面對自己身體的變化，也會開始常常與別人比較。假如這時候覺得自己的外表「很醜」，有可能會常常感到痛苦。

這時候請試著找出讓你覺得外表「很醜」的契機。請試著回溯到小時候。是不是曾經被某個人說自己很醜？是不是曾被別人評論過外表？

如果有過這些事情，當時你的感覺怎麼樣？又採取了什麼行動？請試著回想看看。

假設「小學二年級的時候，曾被男同學嘲笑太胖」，當時的你很難過，從此開始與身邊的女孩子比較身材。透過「發生了什麼．有什麼感受．結果如何」的順序整理事件，應該就能知道被嘲笑前與被嘲笑後，你採取了哪些行動。

知道這世上就是有「評論外貌的標準」，然後試著放下這類標準

如果你找到了讓現在的自己痛苦的原因，有件事必須特別留意，那就是不要在心裡直接反駁這些原因。例如，「曾經被嘲笑太胖」是讓你痛苦的原因，或許你會想在心裡大喊「我才不胖呢」。但是，建議你最好不要這麼做。

遇到別人嘲笑或批評你的外表，如果反駁對方「才不是這樣」，你就

變得跟對方一般見識了。無論是對於過去的你還是未來的你而言，這都不是理想的對抗方式。

以外表的美醜攻擊別人，最大的問題在於，被攻擊的人內心會建立起一個「評斷外貌的標準」。舉例來說，嘲笑別人肥胖的話語，就是源自於這種「標準」，而當你反駁對方說「我才不胖」時，你就也不自覺地使用了這種標準。

如果想與悲傷的過去對抗，重點不在於你是否真的肥胖，而在於要知道，使用那種以貌取人的「標準」，本身就是錯誤的行為。

如果你被嘲笑過，那麼在你的心中，或許還有小學二年級時某個男孩子留下的「外貌標準」。但其實你在被嘲笑之前根本沒有這種「外貌標準」。請大家務必先察覺這件事。

不過，就算意識到自己有所謂的「外貌標準」，要放下也並不容易。因為在外貌、學歷、體力各方面，也理所當然地使用著這樣的「衡量標準」。

想擺脫這類「標準」造成的不良影響，首先可以從練習不帶著「標準」來評斷他人開始。試著不用「好或壞」、「做得到或做不到」這種標準去衡量，而是將注意力放在對方帶給周圍的「正面影響」。比方說，他總是對朋友很溫柔，讓朋友覺得很幸福，或是他總是很努力參加社團活動，帶領大家前進。當你不再將「標準」套在別人身上，自己也就能逐漸擺脫「標準」帶來的束縛。

不清楚痛苦的原因時，試著回想「最初的自己」

如果一直想不到痛苦的原因，請試著回想「最初的自己」。雖然最初的自己不一定非常快樂，但至少是「還不錯」的狀態。這個最初的自己在跟他人相處時，都抱著什麼心情呢？會採取怎樣的行動，又會用什麼樣的眼光看待自己呢？

也許這個「最初的自己」，跟現在的你有很大的差異，但你並沒有變成另一個人。只是因為心中出現了「外貌標準」而痛苦，無法自信地展現「最初的自己」而已。只要放下「標準」，你就能變回那個「還不錯的自己」了。

case
05

戒不掉
電動

例如，發生了這樣的事……

1	發生了什麼 事件或事情	打電動打到半夜，被父母親罵。
2	有什麼感受 情緒、感覺、想法	覺得限制自己打電動的父母親很煩。沒辦法想像晚上不打電動的生活。
3	結果如何 有了什麼改變	早上爬不起來，上課越來越常遲到。

試著寫出打電動的好處與壞處

聽到身邊的大人說打電動不好，會讓人莫名覺得煩躁吧？其實我也很愛打電動。工作越累的時候，越想半夜打電動。打電動很快樂，而且能消除壓力，所以我覺得只要適可而止，打電動絕對不是一件壞事。

如果想與電動好好相處，就必須了解電動的好處與壞處。首先，請依照第75頁的方式，寫出電動的優點與缺點。這裡的重點在於寫出「自己的想法」，就算跟父母親或老師的意見不一樣也沒有關係。

「一直打電動」是因為有無法放棄電動的理由

打電動常被提到的缺點，大概就是睡眠會變得不規律吧。如果打電動打到半夜，導致隔天早上起不來，家長與老師就會認為「無法停止打電動↓睡眠不足↓早上起不來」。但真的是這樣嗎？

如果你早上爬不起來，請試著思考一下，**明天很想去上學或是打工的心情，占了多少比例呢？**

假設答案是「百分之五十」，就代表你不想去學校的心情占了百分之五十。這種「不想面對隔天早上要做的事」的心情，會讓你電動越打越久，所以睡眠時間減少的原因並不是電動，而是你「不想去學校」的心情。也是因為這樣，才無法停止打電動。

此時的重點不在於逼自己戒掉電動，而是要了解自己「為什麼不想上學」。透過「發生了什麼↓有什麼感受↓結果如何」的順序，整理最近發生的事情吧。

電動有強烈的魔力

假如想去學校的心情接近百分之百，那就代表另有原因，讓你打電動越打越久。這個原因就是「電動的魔力」。電動原本就是「讓人想要再玩一下」的設計，一旦被這個魔力所迷惑，就會陷入明明知道「該讀書了」，卻遲遲無法逃離電動的狀態。

這個時候，最好先規劃好讀書的時間，然後設定鬧鐘，提醒自己。先為該做的事情預留時間，然後利用剩餘的時間打電動。

電動除了會讓人著迷，還有「課金」這種魔力。老實說，這種魔力真的很可怕。我雖然很愛打電動，但絕對不課金，因為我沒有信心能擺脫這種魔力。所以，我也強烈建議大家不要課金。

電動的問題並不在於「一天打了幾小時」。只要能兼顧睡眠與生活，做好該做的事情，也沒有課金的問題，應該就能與電動好好相處。

電動的優點與缺點

優點

例

- 有趣
- 能跟一樣喜歡打電動的朋友聊天
- 會覺得自己變強

缺點

例

- 睡眠時間減少
- 讀書或是其他該做的事會往後延
- 會忍不住課金

case 06

想傷害自己

例如，發生了這樣的事……

1	發生了什麼 事件或事情	在學校被欺負、施暴，於是割腕自殘。
2	有什麼感受 情緒、感覺、想法	痛苦的情緒比較舒緩了。
3	結果如何 有了什麼改變	變得一痛苦就想割腕，但心情卻沒有好起來。

透過自殘緩解痛苦的效果會越來越弱

據說，約有一成的國高中生曾有過「自殘」的經歷（※）。除了割腕，還會毆打自己、用刀劃傷自己、用頭撞牆壁，這些也都算是自殘的行為。

自殘行為通常是為了減輕痛苦。當身體被傷害而感覺到疼痛時，大腦可能會瞬間分泌讓人暫時感覺心情變好的物質，而這種物質又稱為「腦中的麻醉藥」。透過傷害自己，迫使大腦分泌「腦中的麻醉藥」，就能稍微減輕一點痛苦……正因如此，人們才會在難受的時候選擇自殘。

或許有些人會有「自殘能讓心情變得輕鬆，所以一直自殘也沒關係」的想法。但是說起自殘，其實有兩個看不見的陷阱。

※ Matsumoto, T., Imamura, F.: Self-injury in Japanese junior and senior high-school students: Prevalence and association with substance use.Psychiat Clin Nerosci, 62; 123-125, 2008

第一個，是「緩解痛苦的效果」會越來越差。這會導致自殘的次數越來越多，程度也會越來越激烈。

第二個，是會讓你用其他方式解決問題的能力變差。明明以前能夠透過其他方法來克服痛苦，但是當自殘上癮，再度遇到難關時，人往往不會再嘗試其他方法，而是依賴自殘來緩解痛苦。

想想看：是什麼把自己逼入絕境？

如果你曾經自殘或是想要自殘，請想想看到底是什麼事物把你逼得走投無路。那些擔心你的大人一定會要你別再自殘對吧？但也不是「忍住不要自殘」，事情就能解決。

會忍不住要傷害自己，表示有某件事情讓你極為痛苦。**在試圖忍耐或是自責之前，先了解把自己逼入絕境的真正原因，這點非常重要。**

讓我們先想想看，一開始是為了什麼事情才自殘的。請試著回想最近發生的事。有沒有發生讓你痛不欲生的事情？是不是遇到了自己一個人無法解決的問題？

找出造成痛苦的事情後，請試著思考，這些事情讓你產生了什麼情緒。可能是難過、生氣，甚至希望自己可以消失……。雖然每個人的感受各有不同，但此時大多數的情緒都是非常強烈的，甚至會讓人痛苦到不想再活下去。

用「發生了什麼↓有什麼感受」的順序重新回顧，就能逐漸了解自己之所以選擇自殘的過程。舉例來說，你可能會整理出「我在學校被霸凌，每次想到這件事就難過得受不了，所以才想要自殘」這樣的結論。

要解決讓你想傷害自己的煩惱，需要他人的協助

整理自己為何想要自殘的過程，是為了讓你向別人尋求協助。因為當一個問題越是會讓你不由自主地傷害自己，那你就越不可能憑自己一個人的力量解決。

如果忍不住傷害了自己或是想要傷害自己，不要將問題放在心裡，試著找「窗口諮詢對象」聊聊吧。此時，如果能用「發生了什麼↓有什麼感受」這個流程告訴對方發生了什麼事，或許就能找到更好的對策。比如，當「窗口諮詢對象」知道「你因為被霸凌而痛苦，才想要自殘」，就能朝

著解決霸凌問題的方向去行動。

讓人想要自殘的起因，不一定是霸凌這類嚴重的問題。但是，千萬不要認為「這點小事有什麼好求助的」。當你發現自己正在自殘，或偶爾會有想自殘的念頭時，趁早向值得信賴的大人求助，這點非常重要。

不要禁止自己向他人尋求幫助或諮詢建議。如果身邊沒有能作為「窗口諮詢對象」的大人，你可以利用專門的諮詢窗口，試著向專業人士尋求協助（第190頁）。

case
07

覺得自己
消失
比較好

例如，發生了這樣的事……

1 **發生了什麼**
事件或事情

很用功讀書，但考試成績不理想。

2 **有什麼感受**
情緒、感覺、想法

覺得很沮喪。
希望自己乾脆消失。

3 **結果如何**
有了什麼改變

不知道該跟誰傾訴、諮詢。
無法告訴任何人自己的心情。

不要在痛苦的時候，尋找活著的理由或自己的價值

「像我這種人，還是不要活著比較好……。」有過這種想法的人，其實比你想像的來得多。就算只有一點討厭的事，當壓力不斷累積，情緒就有可能變得低落，甚至會覺得活著沒有任何意義，希望自己立刻消失。

在十幾歲的年紀，有不少人都被這種感受折磨著。在這種時候，重要的就是不要試圖去尋找「活著的理由」或「自己的價值」。

我們每個人都擁有相同的價值。然而，人類的大腦有個特點，那就是會「牢牢記住痛苦，然後忘掉好事」。尤其當你滿腦子充滿痛苦或心情低落時，更無法將注意力放在周遭發生的好事上。因此，就算絞盡腦汁，也

只會得出「我沒有活著的必要！」這種結論。

整理思緒，是尋求幫助的第一步

之所以會有「好想消失」的想法，並不是因為你沒有價值，而是遇到了讓你想要立刻逃跑的痛苦。

負面的想法，通常都伴隨著痛苦的情緒。也就是說，想要遠離痛苦狀況的情緒，會讓你產生「還不如不要活著」這樣的想法。因此，現在的你應該尋找的，並不是活著的理由或價值，而是折磨你、讓你產生痛苦情緒的事件。

試著回想最近身邊發生了什麼，再從中找出讓你陷入絕境的事件。觸發這類情緒的並不一定是什麼重大事件，即使只是一件件瑣碎的小事，如果不斷累積，最終變成「做什麼都不順心」的情況，就很難找到好的對策，甚至會引發「還是消失算了」的念頭。

當你因為壓力而陷入混亂，思緒亂得像一團毛線一樣，可能會變得連向別人求助都覺得很痛苦。但試著了解那些折磨自己的事物，能幫助你整理思緒，當你意識到「啊，原來我這麼痛苦啊」，就能向別人發出求救訊號了。

如果你出現了「好想消失」的念頭，請盡可能早一步向「窗口諮詢對象」求助。假如身邊沒有「窗口諮詢對象」，請試著利用專業的諮詢窗口，向專家尋求協助（第190頁）。

試著回想過去的自己，撰寫「重新振作筆記本」

向「窗口諮詢對象」尋求協助的同時，也可以試著做一些自己能夠做得到的事情。我的建議是撰寫「重新振作筆記本」。

過去的你，曾經有過類似的心情嗎？

即使感受不完全相同，是否也經歷過類似的痛苦呢？

試著回想當時發生的事情，然後把自己克服那些事情的方法寫下來。例如「睡2～3個小時之後，就冷靜下來了」、「看了喜歡的漫畫就沒事了」，什麼方法都可以寫下來。

這些內容，就是讓你重新振作的提示。試著從你認為可以做到的事情開始嘗試吧。

Chapter 3

煩惱對策

人際關係

人際關係

case 01

明明不想生氣
卻忍不住發火

例如，發生了這樣的事……

1	發生了什麼 事件或事情	朋友才遲到了一下，我卻破口大罵「你給我差不多一點」。
2	有什麼感受 情緒、感覺、想法	我根本不想說這麼重的話。
3	結果如何 有了什麼改變	覺得不想生氣卻氣到不行的自己很討厭。

大量累積的疲勞，會讓人無法控制情緒

因為一點小事就大發雷霆，說一些難聽的話或發脾氣，應該有不少人都有過類似的經驗吧。

如果是平常的你，對朋友遲到了幾分鐘可能根本不會在意，或只會笑笑地跟對方說「你遲到囉」。但不知道為什麼，今天卻發了脾氣……也許連你都被自己的反應嚇了一跳。

其實，這就是要你「找時間休息」的警訊。雖然問題還不太嚴重，但這就是累積了不少疲勞的證據。

我們的大腦會對各種刺激產生反應，並引發各種情緒。然而，大腦的

運作方式相當複雜。例如，當你遇到某些討厭的事，可能會心想「太過份了！」並為此憤怒，但同時，你也可能會產生「算了啦，有必要那麼生氣嗎？」的心情。正是因為大腦具備這樣的功能，我們才能依據不同的對象與狀況採取適當的態度。

不過，**當你累積了不少疲勞、壓力或是煩惱，這項調整情緒的功能就無法正常運作。**所以你才會說出平常不會說出的話，或做出平常不會做的事。

當你無法透過「算了吧」這樣的話來撫平自己的怒氣，憤怒就會以強烈的情緒表現出來。由於情緒的調節是在無意識中進行的，所以連我們自己也不習慣面對沒經過調節的情緒。正因如此，當我們因為自己的舉止而驚訝時，可能會困惑：「我明明沒那麼生氣，怎麼會突然發脾氣呢？」

沒來由地發脾氣，有時是因為心中藏著焦慮

除了疲勞之外，動不動就發脾氣也有可能是因為焦慮。想像一下，你獨自一人待在鬼屋裡。四周一片漆黑，不知從哪傳來門吱吱作響的聲音和微弱的呻吟聲。如果此時肩膀突然被輕拍了一下，你會尖叫著逃跑嗎？還是會嚇得叫不出聲，呆站在原地不動？就算反應的方式不一樣，但無論如何，應該都會「嚇一大跳」吧。

那麼，如果是在明亮的室外，被朋友拍了一下肩膀呢？就算你還是會嚇一跳，但應該不至於嚇到尖叫、拔腿就跑才對。

我們對同一件事情之所以會產生落差如此明顯的反應，完全是因為當

下的心理狀態不同。待在詭異的鬼屋時，焦慮和恐懼的程度都會加劇，所以哪怕只是一點點小刺激，都會讓你產生激烈的反應。

日常生活也會發生類似的情況。**當你心中充滿焦慮與煩惱，那些平常不太在意的刺激也會讓你覺得痛苦，**所以你才會因為朋友犯了一點小錯而生氣，或明明不想生氣，卻還是發了脾氣。

如果焦慮或煩惱的情緒一直揮之不去，那些微不足道的刺激就會轉變為壓力，讓你越來越煩躁，最終有可能會被朋友遲到這種小事引爆。

心情低落的時候，對刺激的反應也會有所不同

除了疲勞與焦慮，低落的情緒也會影響我們的一言一行。**你可能不太**

容易察覺到自己的情緒是否低落，但如果你發現，自己對原本喜歡的事物失去了興趣，而原本能讓你開心的事物也不再讓你愉快，就要格外留意自己的狀況。

這種情況下，腦海中只會浮現負面的想法。在心情好的時候，就算朋友赴約晚了一點，你可能也只會想說「怎麼還不來呢」。但當你情緒低落時，「怎麼還不來呢」的「感受」，往往會伴隨著「該不會他其實不想來吧？」、「原來他不想跟我出去玩啊」這種負面的「想法」。有時，這種悲傷或煩悶的情緒，還會轉變成對朋友的怒氣。

疲勞、焦慮或情緒低落，會改變人對外界刺激的反應。明明不想生氣卻還是大發雷霆，並不代表你本來就令人討厭。與其責備自己，不如考慮「讓自己休息一下」。

case 02

不想被朋友看到長期沒去上學的自己

例如，發生了這樣的事……

1	發生了什麼 事件或事情	自主停學期間，卻在超商看到同年級的朋友。
2	有什麼感受 情緒、感覺、想法	不想被認識的朋友看到，也擔心休學的自己在超商被別人看到時，別人會怎麼想自己。
3	結果如何 有了什麼改變	變得連超商都不想去。

你是否因為內心的焦慮感，而無法做自己真正想做的事？

就算知道自己的狀態還沒辦法去學校，但還是很在意別人的眼光……。許多自願停學的人，都有這種煩悶與不安的感覺。

此時最糟的決定，就是因為「不想被別人認為自己偷懶」，而硬逼自己上學。身心要完全消除疲勞是需要時間的，有時候也得出門走走，才能恢復得更快。請各位務必理解這一點。

如果不想撞見認識的人，最簡單的方法就是不要外出。但你能夠接受這種做法嗎？

如果內心還是覺得很疲勞，或許會覺得不要外出比較安心，這時候也不需要硬逼自己外出。不過，如果你會認為「不能去超商」這件事很可惜，那不妨想個對策吧。**若只是因為「如果撞見朋友怎麼辦？」這種顧慮而沒辦法做想做的事情，實在有點可惜。**

要擺脫這種狀況，就需要與焦慮感對抗。若你打從內心覺得「不能做想做的事情，很不甘願」，那麼我認為去挑戰焦慮感是很值得的。

不過，若你希望自己能設法擺脫焦慮，卻又有點害怕和內心的不安對抗，那麼也不必著急。等到你覺得自己或許能嘗試對抗焦慮感時，再付諸行動吧。

與焦慮感對抗的四個步驟

對抗的第一個步驟：替焦慮感打分數。先列出自己想去的地方，例如附近的公園、超商、書店或車站前面，再思考在這些地方被朋友撞見的話，會有多焦慮。如果「完全不會焦慮」就設定為0分，如果「超級不安」就設定為10分，然後再由低至高、依序排列這些地方。

第二個步驟：決定對抗的地點。從剛剛設定為4～6分的地點中挑一個出來。

第三個步驟：想想自己在這個地點想做的事情。以超商為例，請具體設定要在超商做什麼事情，比如可以去「買瓶柳橙汁」。到這一步驟為止，計畫就完成了。

第四個步驟：執行計畫。也就是去超商買瓶果汁，然後立刻回家。不用在意是否在目的地或是前往超商的途中遇見了朋友，只要能做到自己決定好的事情，你就贏得這場戰鬥了。

在列出地點時，有可能會找不到低於6分的地點，此時請想想看，有沒有人能夠陪你一起去。如果某個地點的分數，在有人陪你去的情況下，能降到4～6分的程度，那不妨就請對方陪你一起挑戰看看。

「心裡雖然不安，但是我做到了」的事實非常重要

只是贏得一次戰鬥，焦慮感是不會消失的。就算你用前面說的方法達成了「去買果汁」這個目標，或許還是會覺得去超商這件事很可怕。但即使是如此，也沒關係。

你手邊有買回來的果汁，而這瓶果汁，正是你「戰勝不安、做到想做的事」的證據。你沒有因為焦慮而不敢去超商。「雖然不安，但是我做到了」這個事實，就是你的戰利品。

即使內心抱著「如果碰到認識的人，該怎麼辦」的不安，你還是去了自己想去的地方。這意味著，你沒有讓心中的不安阻礙自己的生活。這當然是不折不扣的大勝利。

請繼續在分數4～6分的地點進行這類戰鬥。久而久之，當你重新製作這份列表時，會發現許多地點的分數都下降不少。

人際關係

case
03

覺得自己
被朋友討厭

例如，發生了這樣的事……

1 **發生了什麼** 事件或事情 跟朋友聊天，但常常聊不下去。

2 **有什麼感受** 情緒、感覺、想法 該不會被對方討厭了吧？

3 **結果如何** 有了什麼改變 開始一直看朋友的臉色。

一旦陷入負面的情緒，就更容易出現消極的想法

當我們的內心脆弱時，往往容易用負面的方式思考。這樣一來，在跟朋友相處時，可能會很在意對方無意間講的話或做出的舉動，然後一個人胡思亂想，得出讓自己痛苦的結論。

當你覺得自己「是不是被討厭了」的時候，其實朋友的態度可能和平常並沒有太大的不同。話題之所以沒能持續下去，也許只是因為對方剛好在想其他的事，或者單純是睏了。而這些理由，完全與你無關。

此外，你可能覺得「聊天聊不下去」，但對方也有相同的感覺嗎？說不定你的朋友認為，你們聊天的感覺跟過去並沒有什麼不同喔。

試著將實際發生的事情用寫的記錄下來

此時，建議大家試著整理發生的事情。**請回想你覺得自己「可能被朋友討厭」的原因，並試著寫下這些原因。**

這裡的重點是寫下「實際發生的事情」就好，不需要寫下個人的感受或是想法。

你跟朋友搭話時，朋友怎麼回答你？當時朋友是什麼表情？跟你說話之前與說話之後，模樣有什麼改變嗎？

寫出這些事情之後，應該就會發現朋友的態度跟以前一樣沒變。或許彼此的對話的確比想像的更快結束，但是「聊天聊不下去」只是你個人的想法，不是「實際發生的事情」。

朋友在跟你聊天的時候，並沒有擺出不耐煩的表情……。只要將注意力放在這個事實上，你或許就會發現，自己根本不需要擔心「他說不定不想跟我說話」、「我說不定被他討厭了」這些事情。

負面的想法，是來自外界的怪獸

之所以會因為一點小事，就產生「是不是被朋友討厭了」的擔憂，是因為負面的想法開始出現了。而這些負面的想法，常常會伴隨著焦慮、痛苦這類負面的情緒。

情緒源自你的內心，但是想法是由外在的事件和情緒在腦中揉合而成的結果，所以想法並非源自內心，得出的也不一定就是正確的結論。

我一直覺得，負面思考就像是為了吞食負面情緒，而從外在世界闖進內心的怪獸。請替這頭怪獸取一個你原創的名字。如果明明沒發生什麼壞事，你卻不由自主地往負面的方向想，就告訴自己：「啊，那頭怪獸又來了。」

當你陷入「可能被朋友討厭了」的想法，你的大腦就會漸漸地被「難怪，那個時候也是這樣」這類負面的想法占據。只要陷入了這種漩渦，就會變得恐慌，無法冷靜地觀察周遭，也無法按部就班地分析發生了什麼事情。

不過，如果能將這類負面想法當成「來自外在世界的怪獸」，會怎麼樣呢？你應該就比較能夠明白，這些負面的想法根本不是從你的內心產生的，也不一定是事實。

我這麼焦慮，原來都是因為那頭怪獸出現了啊。嗯，原來這頭怪獸會在這種情況下出現呢……。這樣思考，能讓你有機會退一步檢視自己的想法。如果能夠保有這種觀點，就不會被「焦慮漩渦」吞噬，也不會再被負面的想法折磨了。

人際關係

case 04

在學校沒有想說話的朋友

例如，發生了這樣的事……

1	發生了什麼 事件或事情	跟朋友討論班上的霸凌事件時，不但意見不合，還聽到朋友說了一些歧視的言論。
2	有什麼感受 情緒、感覺、想法	沒辦法跟那位朋友聊天之後，覺得既煩躁又難過。
3	結果如何 有了什麼改變	不再跟那位朋友聊天。連待在教室都覺得好痛苦。

Chapter 3

所謂「正確」的定義，在每個人心中都不同

每個人都有各自對於「正確」的信念。比方說，無論發生什麼事情都不可以訴諸暴力、絕對無法饒恕霸凌與歧視⋯⋯。這些想法，或許也可說是每個人內心的「正義」。

但是每個人心中的正義，都有些許不同之處。舉例來說，大家都認為「不可以霸凌別人」，但是到底怎麼樣才算是霸凌，每個人的定義卻不太一樣。對你來說是「霸凌」，對朋友而言卻有可能只是「捉弄」，而這樣的情況其實並不少見。

令人傷腦筋的是，正義並沒有「這才是絕對正確的！」這種完美的定

義。簡單來說，每個人心中的正義不一定能夠只以「正確」或「不正確」來劃分。

由於每個人對正義的定義不同，哪怕只是些微的差異，也有可能讓你與別人疏遠。就算是交情一直很好的朋友，一旦違反了你心目中的正義，你與他的交情可能就會變得很淡。就算你們支持同一個足球隊，或者每天一起參加社團活動，也無法讓你忽視彼此在正義這方面的些微差異。

大部分的朋友對於「嚴肅的話題」並不感興趣

我們尤其在十多歲前半的階段，會跟朋友對於正義有不同的關心程度，這往往不只是因為思考方式不一樣，還可能有其他因素。每個人對於那些關於正義的問題，也就是「嚴肅的話題」，感興趣的程度都不同。而年紀越輕，就越多人對這類問題「不太了解」，或是根本「沒仔細思考過」。

你平常會思考正義相關的問題，所以在朋友說某些話時，可能就會有「這樣的言論是歧視吧？」之類的想法。

可是那些對於「嚴肅的話題」沒什麼興趣的朋友，還沒有屬於自己的正義。就算你提醒對方，要對方不要說出那些帶有歧視的言論，對方也只會認為「我又沒有惡意，所以沒關係」。

那些對於「嚴肅的話題」沒什麼興趣的人，很少會覺得「咦？這種說法很有問題吧？」所以也難以理解你在糾結的事，這可能會讓你感到不滿或焦躁。

不過，也不能就此做出「不懂得思考嚴肅問題的朋友很糟糕」這種結論。**因為會在什麼時候、對什麼事物產生興趣，又會以什麼樣的方式深入思考，每個人的情況都是不同的。**

在十幾歲的時候，許多人的確不懂得思考「嚴肅的話題」。只有在累積了許多經驗或學到一些新的事情後，心中的正義才會慢慢形成。

試著根據談話主題，改變說話的對象

對你來說，在目前這個沒有人能夠跟你聊聊「嚴肅話題」的環境中，可能會覺得相當痛苦。你或許會因為「沒有可以好好交談的朋友」，而感到孤獨。

不過，想讓對「嚴肅話題」不感興趣的朋友加入話題，或是改變對方心中的正義，都是非常困難的。因此，「**不要在學校這個狹小的世界中尋找可以理解你的人**」，或許會比較好。

希望維護自己認定的正義的你，有可能比同年齡的朋友更早熟一點。在你的朋友之中，當然也會有跟你抱有相似想法的人。但是，懂得自行思考、再將想法清楚表達出來的人，可能並不多。

所以，試著跟年長的人聊聊你的想法吧。一個人的年紀慢慢增長，也累積了足夠的經驗，自然而然就會懂得聊那些「嚴肅的話題」。在比你大一輩的人之中，一定有與你見解相同的人。

「嚴肅的話題」跟長輩聊，興趣、電動、讀書的話題跟朋友聊，只要根據話題選擇聊天對象，就沒問題了。你的世界不是只有學校，所以就算沒辦法跟學校的朋友分享一切，也沒關係。

case 05

和父母親
待在一起
就覺得很煩躁

例如，發生了這樣的事……

1	發生了什麼 事件或事情	爸媽居家辦公的時間變長，跟爸媽共處一室的時間也更多了。
2	有什麼感受 情緒、感覺、想法	莫名覺得很煩躁。 沒辦法放鬆下來。
3	結果如何 有了什麼改變	躲進自己的房間，遠離了有爸媽在的客廳。

跟爸媽待在一起就覺得很煩的兩個理由

從二〇二〇年春季以來，居家辦公的大人逐漸變多。因此，應該有不少自主停學的人，與爸媽相處的時間也變長了。

即使跟爸媽的關係沒有不好，但每天都待在一起，久了也難免會覺得煩躁。就算是日常的隨意對話也會讓人感到心煩，甚至覺得待在家裡不太自在。

這種煩躁，主要源自兩種理由。

第一個理由是，讓十幾歲的小孩一直跟爸媽待在一起，是件不太自然的事情。十幾歲的時期，是與爸媽之外的人增加交流的時期，這些交流也是成長不可或缺的一部分。所以，十幾歲的身心，本來就不是要與爸媽長時間共處的設計。之所以會覺得煩躁或是鬱悶，是因為身體在執行並不屬於原本機能的事情。

第二個理由是，現在的每個人都需要「一個人的時間」。如果沒有不受他人打擾的時間，就無法讓自己徹底休息。不管和家人感情再好，都需要一個人獨處的時間。

盡量與爸媽之外的人交流

除了上述兩個理由之外，有時也與大人的問題有關。新冠疫情讓許多人的生活為之驟變，很多大人也因此承受了不少壓力。因為心情不佳，大人也許會為了一點小事就責備孩子，家人之間也可能會起衝突。此外，父母之間的關係如果不穩定，孩子也會因此感受到壓力。

如果你覺得跟爸媽相處很煩，此時需要的是多與爸媽之外的人交流。

試著主動和能讓你安心相處的朋友們交流吧。除了現實世界的朋友以外，網路遊戲或是社群媒體也是拓展交友圈的好工具。不過，在使用這些工具之前，最好先和家人聊聊，並訂定一些規則，例如「不透露個人資訊」、「不散布謠言或批評他人」等等。

發布「讓我一個人靜靜」的宣言，在自己的房間度過獨處的時間

另外，在家裡的時候確保自己有「獨處的時間」也很重要。例如，當

你待在自己房間時，可以先跟爸媽聲明「八點到十點這段時間，請不要進房間或跟我說話」。只要能「確保」獨處的時間，就能讓自己好好休息。

父母通常也會猶豫，究竟是該讓孩子獨處一下，還是應該經常跟孩子說話、關心孩子呢？因此，如果你能自己告訴爸媽「這段時間我想一個人待著」，對他們而言也會比較好。

如果沒有自己的房間，就想辦法創造出「獨處的時間」。比方說，趁著其他家人出門時，自己一個人待在家放鬆，或是比其他家人更早起床也不錯。

如果很難在家裡擁有獨處的時間，可以試著去圖書館或其他社區設施，讓自己擁有離開家人的獨處時間。根據自己的身體狀況，去散散步或是逛個街，也是改變心情的好方法。

Chapter

4

煩惱對策

如何好好休息

case 01

真的想休息
卻無法好好休息

例如，發生了這樣的事……

1	發生了什麼 事件或事情	早上準備去上學。
2	有什麼感受 情緒、感覺、想法	覺得身體很疲憊，不想去上學。 好想休息，但又覺得不能休息。
3	結果如何 有了什麼改變	強迫自己去上學，但完全無法專心。

所謂「最適合休息的時間點」並不存在

當你為了讓自己恢復精神而想休息時，休息的時間點其實只有「太早」跟「太晚」的區別而已。因為在休息這件事情上，並沒有一個「剛剛好」的時機。

我們用日常生活中不可或缺的冰箱舉個例子。假設你感覺冰箱內部冷卻得不夠，但心想「應該還可以繼續用吧」，然後繼續使用這個冰箱。結果某一天，冰箱的電源突然無法啟動，製冰盒的冰塊開始融化，弄得地板濕答答。如果又剛好是炎熱的季節，肉類與魚類就可能會腐壞變質。

在「冰箱有點問題，但還能使用」的時候，之所以沒有下定決心換冰箱，是因為覺得現在換冰箱太早了。但如果等到冰箱完全壞了才換新的，那又太晚了。

等到太遲才換冰箱的話，就得清理地板、浪費食物，甚至還得忍受新冰箱送來前的生活不便……可說是百害而無一利。這時，你應該會後悔地想：「早知道就早點換台新的了。」

讓自己休息也是同樣的道理。在出現「不想去學校」、「今天想休息一下」這些念頭時，許多人會認為「這時候休息還太早了」。但即使繼續撐下去，也不會出現所謂的「最佳休息時間點」，還有可能因為太過勉強自己而身心俱疲。等到那個時候再來休息，就已經「太晚了」。

話雖如此，在沒有生病或受傷的情況下，做出休息的決定並不容易。

覺得痛苦的時候，可以試著想想自己「身心能量下降」的感覺已經持續了

多久。如果只有一、兩天，那麼或許可以再堅持一下看看。但如果這個狀態已經持續了一至兩週以上，不妨考慮暫時放自己幾天的假。

痛苦的時候，試著放一天假吧

如果覺得自己需要休息，建議乾脆地請一天假吧。大部分的人實際休息之後都會後悔，覺得「早知道就不要休息了」。但是，休息並不是罪過。早點讓自己休息，是避免事態變得更嚴重的最佳對策。

就如同感冒的時候，只要能在「喉嚨好像有點痛」的階段好好休息一天，身體就能恢復元氣。但如果拖延到病情加重，就算休息三天，可能都還是很不舒服。**不管是身體還是心靈，越早決定休息，就能越快復原。**

一旦拖到「不得不休息」的狀態，身體和心靈都會變得更痛苦，也得花更多時間才能恢復精神，有時候甚至會因此而必須長期請假。與其如此，不覺得在「有點疲憊」的時候就休息幾天會更好嗎？

應該讓孩子享有自由支配假期的權利

在公司上班的成年人都有所謂的「有薪假」，這種假期可以根據自己的需求來安排，不需要報備任何原因。而且就算休假，也不會因此減薪或是被扣考績。

我希望孩子們也能有這樣的假期。如果能允許孩子為了讓自己好好休息而請假，當他們覺得有點疲憊時，才更容易做出休息的決定。

遺憾的是，現在的學校並沒有類似「有薪假」這樣的制度。結果，只要沒有生病或受傷，往往就會認為「現在休息還太早了」。但這麼一來，就像是在等待身體真的出問題一樣。但其實只要在感覺到「好累」、「好想休息」，也就是「即將生病前」就先適當休息，通常就能很快恢復健康的……。

為了讓自己能夠休息，孩子必須擁有「自主決定休息的權利」。建議可以家人們一起商量，設定例如「每個學期最多能自行決定休假○天，作為放鬆身心的日子」這樣的規則。我認為，現在是時候改變「沒有生病或受傷，孩子就不該休息」的思維了。

case 02

很擔心別人對我請假的看法

例如，發生了這樣的事……

1	發生了什麼 事件或事情	連續一個星期都沒有去學校。
2	有什麼感受 情緒、感覺、想法	擔心班上同學的眼光，不想被他們認為自己在偷懶。
3	結果如何 有了什麼改變	越來越不想去學校上課。

解釋請假的理由時，只需要說明「覺得可以說」的部分

由於大眾普遍認為「只有生病或受傷才可以不去學校」，所以只要班上有人一直請假，自然而然會有許多人好奇：「他為什麼請假了呢？」因此，有些朋友可能會出於關心或單純想知道，而詢問你缺席的理由。但是，即使沒有人主動詢問，你可能也會擔心「不說明請假的原因，會被別人認為是在偷懶」。

如果只是休息個幾天或一到兩週，大概只需要告訴同學「那陣子身體不太舒服」就可以了。但如果休息超過一個月，有可能就會有更多人想知道，是否有除了「身體不舒服」之外的理由。

請假的理由，其實並不需要向朋友詳細解釋。但如果什麼都不說，會讓你更擔心「別人會怎麼看自己」的話，只需要解釋到自己認為能夠說出來的部分即可。

試著釐清自己的感受

不知道該怎麼說明時，可以先試著將自己的情緒「分類」。製作一張如第129頁的表格，再根據自己的身心狀態以及感到辛苦的事情，分成「可以跟同學說的事情」和「不想跟同學說的事情」兩種欄位，記錄下來。

表格寫好後，從「可以跟同學說的事情」之中選擇要說明的部分。比如「晚上睡不著覺」被歸類為「可以跟同學說的事情」，而「不想跟之前吵過架的同學A見面」則是「不想跟同學說的事情」，那麼就只要告訴對方睡不著覺這件事情就好。你可以說：「不知道為什麼，但最近就是睡不著，感覺真糟。」

不需要將所有發生在自己身上的事情或是感受都告訴同學，如果「可以跟同學說的事情」這個欄位是空白的，就不需要跟同學多說什麼。重點在於，想談論什麼內容，都由你自己決定。

不需要全部都說
也不需要編故事

要注意的是，跟朋友說明自己發生什麼事的時候，不要編故事。不想說明請假的理由，卻也不想被同學認為自己在偷懶，我明白這種心情可能很痛苦。但是，最好不要想著找藉口搪塞。

就算靠著編造的理由混過去，之後還是有可能會在某些地方露出破綻。這樣一來，你有可能會被人指責「你說謊」，然後為此而沮喪。為了避免這種事情發生，可以不要說自己不想說的話，但是最好只說實話。

發言之前如果沒有準備，往往會無法好好傳達，甚至說出自己原本不想說的事情。所以，先試著製作一份表格，把「可以說的事」和「不想說的事」整理清楚吧。

有時候，你告訴朋友的理由並不一定是你請假的「真實原因」，但即使如此也沒關係。因為「真正的原因」，往往會在之後才慢慢顯露出來。

我的感受分類表

你認為可以說的事情

例

- 晚上睡不著
- 早上很累，覺得去學校很痛苦

你認為不能說的事情

例

- 不想跟之前吵架的同學A見面

case 03

不喜歡父母一直叫我要讀書、要幫忙

例如，發生了這樣的事……

1	發生了什麼 事件或事情	爸媽說：「不去學校的話，在家就應該好好讀書。」
2	有什麼感受 情緒、感覺、想法	生爸媽的氣。 為自己沒用功學習而羞愧。
3	結果如何 有了什麼改變	跟爸媽之間的對話越來越緊張。

有時候爸媽不一定了解「休息的痛苦」

自主停學並不是偷懶。不是因為想偷懶才不去學校，而是因為有讓人痛苦的事，所以「明知該去學校，但還是去不了」。可惜的是，並不是所有父母都了解「休息的痛苦」。

父母會說出「去讀書吧」或是「既然在家，就幫忙做點家事吧」這些話，也許是因為他們抱持著「請假不去學校＝很輕鬆」的錯誤印象。**但是在讓自己休息的時期，能做的事情也會隨著身心的狀態而不同。**當你還沒復原到那個階段時，強迫自己學習或幫忙家務並不是件好事。

不要做任何不符合「當前心境」的事

首先，要先了解自己的狀態。需要休息的時候，身心狀態可分成下列四個階段。每個階段的「目標」以及「推薦事項」都不同。

●第一階段：確保人身安全

如果是因為被欺負、毆打，使得學校對你來說不再是「安全的地方」時，你應該儘快離開危險的地方。在這個階段，最重要的是能夠在「讓自己感到安心」的地方放鬆身心。如果要在家休息，與家人的相處也應該要是平和、平靜的。

●第二階段：睡眠與飲食的平衡

這個階段會出現睡不著、再怎麼睡也無法消除疲勞，無法正常進食或很難停止進食的狀況。此時應該慢慢調整睡眠與飲食的節奏，把恢復健康當成首要任務。只要能做到「每天泡個澡」或是「去附近散步」這樣的小事，就足夠了。

●第三階段：能做自己喜歡的事

這是開始對自己喜歡的事產生興趣，並且覺得「或許可以試看看」的階段。此時，最重要的是打從心底認為自己所做的事情是「很快樂」、「很有趣」的。這時候還不是學習或幫忙處理家務的好時機。

●第四階段：開始向未來邁進

這是開始思考「未來的自己該怎麼辦」的階段。如果「想要回到學校上課」，可以稍微開始用功讀書。

第一到第四階段，是需要一階一階逐步進行的。如果沒有安全感，就無法調整睡眠與飲食的規律；無法調整生活規律，就無法享受自己喜歡做的事；無法享受自己喜歡做的事，就無法為了回到學校而開始學習。

針對這幾個階段，在第178～185頁有給大人看的說明。理想的情況是，家人在讀了這部分的內容之後，能對你現在的狀況有正確的認識。即使家人無法理解，了解自己目前處在哪個階段，仍然是很有意義的。要進入第四階段，才能夠開始讀書或幫忙家務。如果父母要求你「好好用功」，而你還是不適應，代表你還沒達到那個階段。所以，不需要責備「不想讀書的自己」，試著告訴自己「現在的我還在第三階段，做我喜歡的事情很重要！」就好。

身心的四個階段

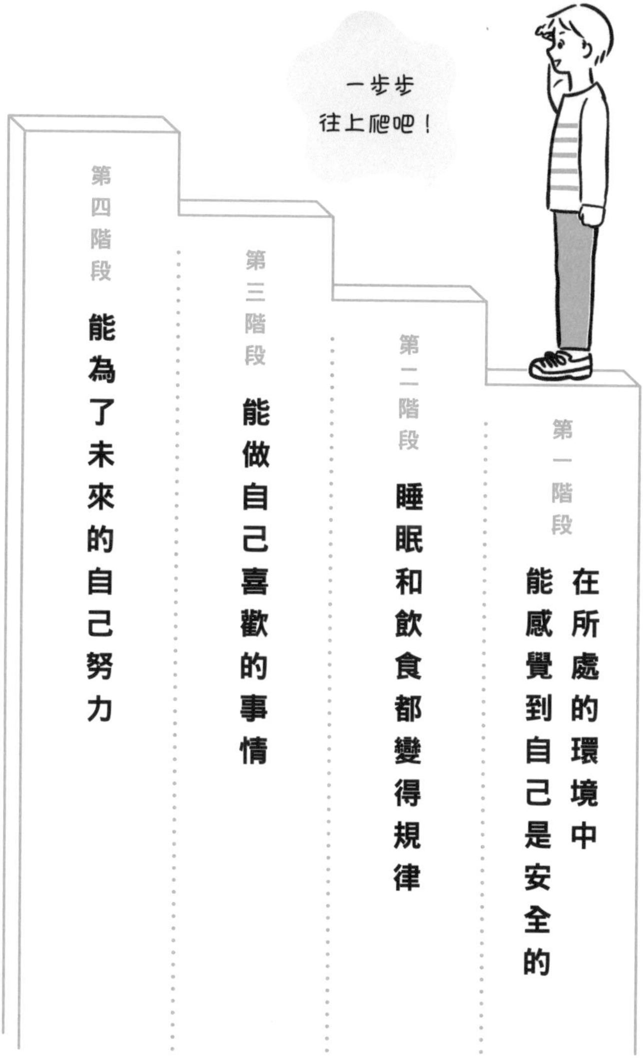
一步步
往上爬吧！
第一階段
在所處的環境中能感覺到自己是安全的
第二階段
睡眠和飲食都變得規律
第三階段
能做自己喜歡的事情
第四階段
能為了未來的自己努力

case
04

不知道要不要回覆社群媒體的訊息

例如，發生了這樣的事……

1 發生了什麼
事件或事情

自主停學時，收到很多班上群組的通知。收到了「為什麼不來上學？」的訊息。

2 有什麼感受
情緒、感覺、想法

覺得很焦慮，不知道該怎麼回答。

3 結果如何
有了什麼改變

越來越覺得瀏覽社群媒體很痛苦。

與人互動的基本原則，是「不說自己不想說的事情」

我相信大部分的人，應該都會在社群媒體上加入班上同學或好友的群組。所以，即使是自主停學的期間，還是能知道大家的近況，有時候他們也會問你「最近過得好嗎？」之類的問題。

想讓自己休息的時候，通常會想要與朋友保持一點距離，這時候應該沒辦法像平常那樣開心地瀏覽社群媒體，也有可能會覺得別人的訊息很有壓力。就算朋友關心你，有時候也會覺得對方是多管閒事。

即使是在社群媒體上，被問到不想回答的事情時，基本的態度就是「不需要回答任何不想回答的問題」。你可以只說「目前你認為可以說的事情」。想說什麼以及該如何說，都應該由你自己決定。

在社群媒體的世界裡，只需要與你覺得安全的人聯繫

除了你所說的事情之外，你還可以選擇要與誰交談。如果是面對面聊天，很難忽視眼前的人，也很難對在場的每個人做出不同的反應。但如果是社群媒體，就可以在回覆之前，先思考「要對誰說、說什麼、怎麼說」。因此，只需要和「你想交談的人」聯繫就好。

請試著回想社群媒體裡的每一位成員。這時是不是會發現，跟有些人可以放心談論自己的事，但跟有些人卻不太想分享心情？

那些讓你不太想談論自己事情的人，就是你目前「應該保持距離的同

學」。而那些讓你覺得聊聊也無妨的人，則是「可以放心的同學」。

順帶一提，「可以放心的同學」通常是少之又少。如果身邊能有一或兩位這樣的朋友，你就已經非常幸運了。此外，在你自主停學之前很要好的朋友，並不一定就是「可以放心的同學」。

在判斷誰是「可以放心的同學」時，最重要的一點是能否為你保守祕密。即使對方並沒有惡意，但如果這個人會將你們之間的對話告訴其他朋友，就不能算是可以讓你放心的同學。

對於「可以放心的同學」與「應該保持距離的同學」，你能接受的「聊天程度」應該會有所不同。比如，在解釋請假的原因時，如果是「可以放心的同學A」，或許可以告訴對方：「自從模擬考成績下滑後，我就提不起勁讀書，一想到要去學校就頭痛。」但對於「應該保持距離的同學

B」，只要告訴對方「頭有點痛，身體不太舒服」就好。你可以針對不同的對象，製作「可以說的事情」和「不能說的事情」的表格，再視情況調整談話的內容。

對待每個人不需要一視同仁

在自主停學期間，建議不要在社群媒體的群組上對所有人發言，只和「可以放心的同學」個別聯絡即可。對群組的成員，可以告訴他們「要暫時停用一下社群媒體」，這樣即使不參與大家的對話，也不會讓人擔心或引來不好的評價。同時，也可以告訴「可以放心的同學」說：「我有和你聯絡，但已經跟群組的其他成員說要暫時停用社群媒體。」如此一來，對方應該就會為你保守住祕密。

暫時遠離社群媒體，或許會讓你有種被周圍孤立的焦慮感。但為了讓自己能夠休息，人際關係的整理是必要的。如果勉強自己和「應該保持距離的人」繼續聯繫，是無法真正獲得休息的。

對於要選擇保持聯絡的對象，或是得根據對象說不同的話，有些人可能會感到不太自在或抗拒。**但是，並不需要在所有人面前都展現出「活力滿滿的自己」。**此時最重要的，是讓自己徹底休息。為了達到這點，只和那些能讓你安心、不會造成壓力的人聯繫會更好。

case
05

學校的團體活動
讓我很痛苦

例如，發生了這樣的事……

1 發生了什麼
事件或事情
合唱團的早晨團練開始了。

2 有什麼感受
情緒、感覺、想法
我不喜歡練習，覺得一起唱歌很累。
大家的歌聲太響亮，震得我頭好痛。

3 結果如何
有了什麼改變
每到早晨團練的前一天就很憂鬱。

感官的敏感程度可能是造成痛苦的原因

學校有許多要求全體學生參加的活動。雖然社團活動或是學生會活動可以自行選擇是否參與，但是有些學校活動卻不能不參加，所以總是會遇到不想參與，卻被迫參與的情況。

會因為團體活動而覺得痛苦，主要有三個原因。第一個原因，和感官的敏感程度有關。

我們擁有視覺、聽覺、嗅覺、觸覺與味覺這些「感官」，而某些人的特定感官會特別敏感。

假設聽覺特別敏感，在聽到別人不以為意的聲音時，可能會覺得很痛苦，或是認為特定的聲音很讓人不舒服。如果是觸覺很敏感，可能會對冷、熱特別有反應，或是在戶外活動時，因為沙子或灰塵而特別不舒服。當你的感官特別敏感，又非得跟大家待在相同的環境時，有時候就會覺得很痛苦。

每個人感官的敏感程度都不同，也無法與別人比較。不過，我們通常都以為自己的感官跟常人無異，看到的東西、聽到的聲音都相似。

有些人就算感官特別敏感，也常常會以為自己的感官很「普通」，所以就算在合唱的時候覺得痛苦，這類人也不會認為痛苦的原因是由於「聲音太洪亮」，只會覺得「自己莫名討厭合唱」。

因為以為大家聽到的聲音都跟自己一樣，所以就會開始問自己：「為什麼大家都沒問題呢？」然後繼續忍耐下去。但是，這麼做只會讓你越來越疲勞。

無法持續集中精神或對活動缺乏興趣

第二個理由，就是在活動中途覺得無聊。明明並不是缺乏幹勁，對活動本身也不反感，但就是沒辦法從頭到尾保持專注。必須長時間做同一件事的時候，會覺得很疲憊，甚至會對活動感到厭倦。

第三個理由，是覺得做沒興趣的事情很痛苦。

簡單來說，如果一個人可以自行選擇想做的社團活動，就能夠跟大家一起樂在其中。但如果是被迫參與的活動，就會完全提不起勁。

當然，每個人都有提不起勁的一面。以合唱練習為例，應該有不少人在參與練習時，會覺得「好麻煩喔」、「我又不喜歡唱歌」。**關鍵在於，每個人在這種情況下需要「忍耐」的程度都不同。**有些人只要稍微忍耐就能撐過去，有些人卻會痛苦難耐到幾乎無法參與練習。

面對與解決造成痛苦的原因

假設某一項特定的活動讓你「不想去學校」，你可以試著思考讓你覺得痛苦的原因。在前面介紹的原因之中，有沒有符合你情況的原因呢？

如果你是因為感官過於敏感或是無法保持專注，可以在覺得很痛苦的時候和「窗口諮詢對象」諮詢意見。因為在這種情況下，恐怕再怎麼忍耐也無法「習慣」，越忍耐壓力就越大，身體與心靈也都會耗竭。如果能夠請「窗口諮詢對象」跟學校討論如何調整參加活動的方式，就更理想了。

如果是因為被迫參與沒興趣的事而痛苦，不妨考慮只做自己能做得到的範圍。如果覺得可以稍微跟著大家唱一下，那就唱一點，其餘的部分對嘴，我認為這樣也是可以的。

重點在於不要責備無法努力的自己，也不必認為沒有幹勁的自己「很沒用」。每個人當然都會遇到沒興趣的事情，不需要逼迫自己努力參與。

case
06

不知道
為什麼
要去學校

例如，發生了這樣的事……

1 發生了什麼
事件或事情

爸媽給了很多壓力，太過用功，總是睡眠不足。

2 有什麼感受
情緒、感覺、想法

覺得「這麼用功有意義嗎？」

3 結果如何
有了什麼改變

就算去了學校，也不想讀書。

最好不要尋找「去學校的意義」

為什麼要去學校，又是為了什麼才用功讀書？當你開始思考這些事，就會不自覺地想尋找「去學校的意義」。不過，建議大家先不要這麼做。因為無論怎麼拚命思考，我想你都無法找到讓自己滿意的答案。以前去學校、讀書都是理所當然的事，但是在某個瞬間之後，你開始不理解「上學的意義」。之所以會有這種感覺，並不是因為去學校或讀書失去了意義，而是因為你實在太疲憊、太痛苦了，所以無法靜下心來感受。

現在的你身心俱疲，已經看不到自己所做的事情的意義了。**在這種狀態下，該尋找的並不是「上學的意義」，而是「讓你疲憊的事物」**，接著再擬定對策、解決問題。

試著思考 是什麼讓自己如此痛苦？

請試著回想最近發生了哪些事情。從什麼時候開始覺得爸媽給了你很大的壓力？又是從什麼時候開始，認為自己必須減少睡眠時間、把時間拿去努力讀書才行？

也許剛開始並不是因為什麼特別的事件。也有可能是一些不順利的小事，或是爸媽不經意的一句話，日積月累，才把你逼得走投無路。

知道自己從何時開始對學習這件事產生懷疑之後，可以試著回到那個時間點，重新檢視自己。例如，爸媽在新學年的時候變得很嘮叨，或是去了新的補習班，這些學習環境的變化，有可能會讓你覺得「得更用功才行」，也有可能讓你變得焦慮。

重新檢視在自己身上發生的事情，就能一步步整理自己混亂的心情。如此一來，就能意識到「自己很疲憊，過得很辛苦」。

不明白讀書、上學的意義是因為內心太過疲勞

學習固然重要，但擁有充分的睡眠更重要。如果因為過度學習導致睡眠長期不足，代表你太努力了。短期來看，成績的確會進步，但長期持續的過度疲勞，會讓身心承受巨大的壓力。

在持續承受壓力的情況下，人會變得疲憊。而當內心越來越脆弱時，

思考方式也容易變得負面。

你的心靈已經變得脆弱不堪。這讓你對自己持續努力學習的事情產生了負面的想法，進而開始懷疑：「上學真的有意義嗎？」

首先，請讓自己好好休息吧。現在的你似乎對學習提不起興趣，但光是停止學習，也不代表你就獲得了充分的休息。此刻你應該暫時遠離的，並不是學習或學校本身，而是你透過整理情緒找出的那些「讓你感到疲憊的事」。

Chapter

5

實作練習

休息的第一步

將注意力放在「當下」，讓自己不被壓力壓垮

遇到討厭的事情時，我們往往會不自覺地一直想著那件事。但是，當你總是在心裡想著「好痛苦」、「真討厭」時，是不是反而讓痛苦的感覺更強烈了？

這一章要介紹的，是幫助各位在心情低落或煩惱的時候，讓自己喘口氣的「練習」。這類練習的主要目的，是讓你將所有注意力放在「當下」。

不愉快的情緒，通常是過去的某個事件所引發的；而焦慮的感受，則是在思考未來的事情時產生的。因此，希望你能為自己保留一段與過去和未來都無關的時間。

當你只專注於「現在」，就能發現一些自己不覺得難受或焦慮的時刻。透過這樣的練習並累積經驗，將有助你建立一個「不被壓力影響的自己」。

請在能讓你覺得安心與舒適的場所進行練習。這個練習只需要筆記本和筆，所以可以在家裡、圖書館或是咖啡廳進行。

此外，這項練習並不是「非做不可的訓練」，不需要設定「一週練習三次」或是「每天上午練習」這種規定，想到再練習即可。之後也可以在想要回顧筆記本的內容時，再翻開筆記本就好。

專注當下的呼吸法

緩緩地吸氣，吸飽氣之後，再緩緩地吐氣。一邊持續這樣深呼吸，一邊觀察自己的狀況。要請大家觀察的是：①身體的感覺、②情緒、③想法、④腦海中浮現的畫面。

冷冽的空氣正在經過鼻腔耶、肚子越來越鼓、從嘴巴吐氣時發出了「呼～」的聲音……先感受到這些變化之後，再試著在下一頁的表格上，寫下這些感受。因為需要「稍後才寫下來」，所以更能專心觀察自己的狀態。

筆記的範例

例 深呼吸的時候

身體的感覺	情緒
● 吐氣時，肩膀往下垂了	● 心情變得舒暢
想法	**腦海中浮現的畫面**
● 原本以為這種呼吸沒有意義，沒想到感覺變好的	● 正在游泳池游泳的自己

應用 專注當下的散步法

除了前述的呼吸之外，觀察「當下」的練習也可以應用在其他地方。例如，你可以觀察正在散步的自己或是周遭的景色，回到家之後，再將觀察的心得寫在筆記本上。

身體的感覺	腳趾碰觸到了地面
	脖子周圍有點冒汗
情緒	心情變得平靜
想法	沒想到家裡到超市的距離很近
腦中的畫面	蒲公英正變成絨毛的模樣

應用 專注當下的美食報導法

觀察在吃喜歡的食物時的自己。
吃完之後，模仿實況轉播的方式，
寫下當時發生的事。

身體的感覺	鮮奶油在口中融化
	草莓的種子在嘴裡爆開
情緒	好幸福！
想法	妹妹應該也喜歡這種蛋糕
腦中的畫面	草莓內部呈現白色的樣子

讓兩個自己交換意見

有時候會想跟別人談心，卻又覺得不想說話。有時候覺得「可以試著去學校看看」，但仔細想想還是覺得自己去不了。每個人都會遇到這種迷惘的時候。

在這種天人交戰、思緒慌亂的時候，你的心中會有兩個自己，一個說「我想這樣」，另一個卻說「我不想這樣」。建議大家在這種不知該往左還是往右的時候，仔細觀察這兩個自己，試著寫下這兩個自己在「當下」想的事情。

筆記的範例

想去學校的自己

- 想跟社團的朋友見面
- 想參加夏季錦標賽

不想去學校的自己

- 可能會聽到同學的閒言閒語
- 如果功課跟不上，該怎麼辦？

給「現在的自己」建議

與「成熟的自己」對話

當你覺得不安與痛苦時，請試著回想「之前克服相同痛苦的經驗」，再把想到的事情寫在筆記本裡面。如果想不起這類經驗，可以試著想像：如果有個好朋友跟你有相同煩惱，他跑來找你商量的時候，你會如何回應他？

能克服痛苦的自己，以及會鼓勵朋友的自己，都是能夠冷靜判斷事物的「成熟的自己」。寫在筆記本的話語，就是「成熟的自己」給不安的「現在的自己」的建議。

筆記的範例

現在很在意的事情

功課跟不上。
段考成績有可能慘不忍睹。

來自「成熟的自己」的建議

一直以來都很認真讀書，沒問題的。
就算成績下滑，下次段考再加油就好。

保護自己的人物對抗戰

當你焦慮的時候，腦海中就會只充斥著負面的想法。舉例來說，會認為「朋友已讀不回」是「討厭你」的訊號，然後又因為這種想法而更加痛苦。

這時候，請試著替那些折磨你的感受命名，比如「不想被討厭的人」。接下來，想出一個和這個人物對抗的人物，像是「沒問題的人」或「樂天的人」，然後在筆記本寫下這類人物可能會說的台詞。

筆記的範例

那些
折磨我的
感受
同學A對我的
訊息已讀不回。
我說不定
被他討厭了。
不想
被討厭
的人
理性
的人
你沒有做任何
對不起同學A
的事情。
有可能只是
朋友剛好
沒發現吧？
樂天
的人
沒有
這回事啦。
沒問題
的人

注意「對自己的正面影響」！

好事筆記本

人的記憶都是不平等的。討厭的記憶總是難以忘懷，開心的記憶卻會隨著時間慢慢淡去。不過，日常生活之中，還是有很多「好事」。為了記住這些好事，「寫下來之後重新閱讀」是個有效的方法。

比方說，當你「跟朋友去吃下午茶」時，如果覺得跟朋友聊天很開心，那就是「好事」，因為快樂的心情對你有所幫助。試著用心觀察在你身上發生的事情，並從中找出這件事「對你產生的正面影響」，然後記錄下來吧。

筆記的範例

事件	產生的正面影響
例 喝到熱紅茶	心情放鬆了下來
被老師罵了	當下雖然不開心，但是老師後來安慰了我，心情變得輕鬆很多

就算不是「快樂的事情」，
仔細觀察也能發現「好的一面」！

應用　積極樂觀對話法

如果覺得寫在筆記本這件事很麻煩，
不妨在與別人聊天的時候，
或是在社群媒體上分享「好的事情」。

之前看小學畢業相簿的時候，發現了同學A在跳繩的照片！超有趣的。

今天天氣很好，
去公園散步吧。

我今天試著倒吊在單槓上，結果
又成功了。我很厲害吧？

番外篇

給大人們的話

大人對小孩抱持的「三種期待」

雖然本書的第1～5章都是針對孩子而寫的，但是也希望家長與負責輔導孩子的人可以讀一讀。或許在實際閱讀後，會有不少人有種莫名不舒服的感受，這是很正常的。因為這本書寫了許多顛覆大人心目中「孩子的理想形象」的內容，所以這種感受是無可避免的。

我認為，許多大人都**對孩子抱有三種期待。第一種，就是持續努力、不要休息。**「全勤獎」這樣的制度，就是大人對孩子抱有這種期待的證據。因為大人認為「一日不休地努力才有價值」，所以也希望孩子能擁有這種「價值觀」。

第二種期待，是不抱怨、盡力而為。這種想法，是認為孩子理所當然要接受大人給予的環境和條件。即使在艱難的環境下也能不抱怨、不哭泣，並且能夠吃苦、取得成果的，才是「好孩子」。

第三種期待，是一個人默默努力。不可以麻煩別人、不要依賴他人，小孩能夠自己解決自己的問題，才算是「自立自強」。

爸媽的「期待」，讓孩子過度努力

讓孩子背負上述三種期待的社會風氣，會讓人認為暫時休息「不是好事」。在每個人都很努力的時候，休息是懶惰鬼才會做的事！由於整個社會籠罩著這種風氣，才會讓人覺得，休息的人就表示「會被淘汰」或「輸別人一截」。

其實，我自己也曾經有過「盡可能不要跟學校請假」的強烈信念。但是我漸漸發現，「抗拒休息」的信念，其實對孩子造成了超乎想像的沉重負擔。日本在二〇二〇年八月的兒童和青少年自殺人數，與去年同期相比幾乎是翻倍（※），這代表「與新冠病毒共存」的生活，的確讓孩子承受了不少心理壓力。正因為處在這樣的時代，我才認為更應該重新審視讓孩子自主決定休息的意義，這也是我撰寫本書的原因。

為了守護孩子的心理健康，我們能做些什麼呢？若從醫生的角度來看，我的結論是，**是時候讓孩子擁有「休息的主導權」了。**

守護心理健康的第一步，就是「休息」。不過，一個人的心理狀態外人很難了解，只有自己才能正確地判斷自己的內心。

感冒的孩子之所以能「請假」不去學校，是因為感冒的症狀是看得見的。但是我們很難看見心理的問題，當事人也不一定想讓別人知道，所以爸媽根本無法判斷孩子是否「該休息了」。要讓孩子「自己保護自己」，就必須為他們打造一個只要覺得有必要休息，就能正大光明休息的環境。

孩子如果想要保護自己，自然會需要表達自己的意見。如果想法無法被接受，有時候就得依賴父母以外的大人的幫助。在這種時候，你如果會覺得內心不太舒服，或許是代表你對孩子抱有三種期待中的其中一種。對孩子來說，父母的期待是非常沉重的。建議大家藉此想想看，孩子是否為了滿足你的期待而過度努力了。

※文部科學省〈新冠疫情爆發後的兒童與學生自殺現狀〉（2020）

向學校請假
不一定比較輕鬆

孩子不想上學的時候，父母親總是會忍不住「想讓孩子去上學」。因為沒有生病卻不上學，違反了「不休息、不抱怨、獨自努力」這些父母親對孩子的期待。

不過，即使父母一再強調「去學校的必要性」，其實意義也並不大。孩子比誰都清楚「其實去學校比較好」的道理，**但明知如此，卻還是抗拒去學校，是因為心中的痛苦超越了「該去學校」的想法。**更準確地說，孩子並不是「不想去學校」，而是「即使很想去，也不得不避開學校」。

這時候，要了解孩子「想去卻不敢去學校」的理由。孩子不想上學，有可能是身心的安全與健康受到了威脅。如果這些威脅來自霸凌、與老師之間的關係，或是和學校的學習環境有關，就需要大人的協助，問題才能得到解決。家長的角色和責任，就是在此時提供適當的支援。

小孩不想上學這件事，確實會讓父母很焦慮，但越是在這種時候，越應該試著回到原點，告訴自己「父母親的責任，就是保護孩子的安全與健康」。父母親很難立刻放下對孩子的期待，如果與孩子之間產生了某種心結，請試著檢視自己是否對孩子抱有前述的「三種期待」。光是這麼做，親子的關係或許就能因此改善，彼此的相處也能變得更愉快。

透過「自願休學儀式」
分享生活的規範

為了讓孩子可以「正大光明地休息」，不會因為休息而感到焦慮或後悔，父母親也需要從旁引導。尤其在長期向學校請假時，更應該試著營造「不去學校很正常」的氣氛，而不是讓孩子產生「明明該去學校，卻一直在休息」這類想法。

如果決定暫時不去學校，我建議親子可以試著舉行「自願休學儀式」。這個儀式的目的，是全家一起分享休學期間的「生活規範」，要注意的是，此處說的「生活規範」並不是由爸媽決定，然後讓小孩遵守的規矩。

自願休學儀式的第一步，是正確了解現在的狀態，因為這也會連帶影響「休息」的目的與方法。請先觀察孩子屬於接下來幾頁所描述的四個階段中的哪個階段。

了解孩子目前所屬的階段之後，寫出該階段的目的與方法，以及與目的、方法對應的「理想行動列表」。這份列表由孩子自己製作是最理想的。寫好之後，可以貼在全家人都看得到的地方，這個自願休學儀式就算是結束了。

這份列表的內容，並不是要求孩子「該做什麼事」，而是讓孩子產生「做點什麼吧」的心情，同時也能讓父母親確認自己「對於孩子的現況有什麼期待」。

一般來說，要依序從第一階段進步到第四階段。配合孩子的「現況」，採取適當的生活方式，就有助於孩子從第一階段進步到第四階段。

這是當事人的痛苦達到極點的階段。這些痛苦通常來自霸凌、暴力這類嚴重的問題。

在讓孩子「想去學校，卻不得不逃避學校」的問題解決之前，不需要讓孩子上學，因為會遇到霸凌或是暴力的環境一點都不安全。**第一階段的目的在於讓孩子覺得自己是安全的，所以才讓孩子跟學校請假。**

要請各位家長在這個階段判斷的是，孩子之所以覺得安全受到威脅，只是因為學校的問題嗎？如果只是因為學校的問題，那麼家裡就是安全的場所。但是，如果孩子常與家裡的某個人發生衝突，在家裡也沒辦法充分休息。此時可以試著和孩子聊聊，讓孩子能有足夠的時間待在他覺得安全的場所（例如圖書館這類公共場所，或是親戚的家裡）。

如果與家人的關係出現問題，有時候會很難找到解決方法。這種時候，不需要親子一起苦撐著，不妨利用地方政府的育兒諮詢窗口或是兒童諮詢中心等等，尋求第三方的建議。

目的 **感到安全。**

方法 **待在安全的地方。父母親也要允許這件事。**

自願休學儀式的「理想行動列表」範例

- 隨心所欲地待在家裡
- 在家裡吃三餐，白天去圖書館或其他地方這是安全得到保障，但是飲食與睡眠影響了學校生活的階段。**此時不要硬逼孩子接受規律的生活，而是要先讓孩子正常吃飯，以及將睡眠時間與清醒時間區分開來。**讓孩子的身體恢復正常與健康，是這個階段的首要任務。

這個階段的孩子還覺得自己「沒辦法做任何事情」，甚至連做喜歡的興趣都提不起勁。這時候不要要求他們讀書或是幫忙家裡的事，而是要讓他們恢復到能做一些日常的事情，例如「每天洗澡」或是「在家附近散步」。如果孩子急著想用功讀書、追上別人的進度，父母親甚至應該阻止他們這麼做。

如果孩子的飲食不規律，就依照孩子的需求決定吃飯的時間，讓孩子養成肚子不餓，也要在固定的時間坐在餐桌吃飯的習慣。

如果睡眠時間不規律，第一步是讓孩子在他想要的時間起床，哪怕日夜顛倒也沒關係。等到睡眠時間變得規律，再慢慢地調整孩子的睡眠時間，讓孩子恢復常人的生活規律即可。

目的 讓飲食與睡眠恢復正常，調整身體狀況。

方法 讓當事人遵守自己決定的用餐時間、起床時間與就寢時間。

自願休學儀式的「理想行動列表」範例

- 在早上十點、下午兩點、晚上八點吃飯
- 每天洗澡
- 早上十點起床，凌晨一點睡覺
- 睡覺之前的三十分鐘不滑手機

這是飲食與睡眠這些基本的生活規律恢復正常，開始想做一些感興趣的事情的階段。第三階段的目的在於讓孩子做自己想做的事，讓孩子發現「有趣的事情很有趣」。

此時的活動，只要是孩子喜歡的事情都可以。比方說，可以是孩子本來就很喜歡的興趣，也可以讓孩子從事一些新的興趣，看漫畫、打電動、運動都是不錯的選擇。重點在於，要讓孩子打從心底覺得「很開心」、「很有趣」。

要留意的是，不能因此打亂飲食或睡眠的規律。如果孩子喜歡打電動，就讓他好好地打電動，但不能讓他太過沉迷，變得茶不思飯不想，或是不惜縮減睡眠時間。

在大人眼中，讓孩子休學、只做想做的事情，或許只是孩子在耍任性，但這時候還不能逼孩子讀書。要讓孩子擺脫壓力，變得想要去學校，就一定需要這個「讓孩子能夠享受各種事物」的階段。這個階段的目標在於讓孩子做想做的事，讓孩子覺得開心，以及變得跟以前一樣活潑。

目的 每天覺得開心與期待。

方法 讓孩子做「喜歡的事情」。

自願休學儀式的「理想行動列表」範例

- 看漫畫
- 去公園踢足球
- 聽音樂
- 做點心或是其他的事情

這是孩子能夠一邊做喜歡的事情，一邊放眼未來的階段。**第四階段的目的在於讓孩子開始思考自己接下來想怎麼做，又該做哪些準備，讓孩子慢慢地付諸行動。**

如果長期休學，父母親很可能會誤以為「讓孩子像以前一樣上學」是最終的目標。但是孩子並不一定想回到學校，有可能想去的是補習班，或者自由學校。所以家長也必須有心理準備，孩子在思考自己的未來之後，很可能會給出「回到學校」以外的答案。

孩子有可能會提出「想休學去當演員」這種十分無厘頭，父母親也很難支持的要求。此時，如果不分青紅皂白地反對孩子，很有可能會適得其反。當孩子被父母直接要求「不能不去上學」時，恐怕會更不想去上學。這時候不妨問問孩子：「我想支持你實現夢想，既然如此，要不要想一想學校生活的缺點和優點呢？」讓孩子認為父母尊重他的心情，也願意傾聽他的想法。

自願休學儀式的「理想行動列表」範例

目的 **在不久的未來完成夢想。**

方法 **幫助孩子實現夢想。**

- 讓孩子從自己選擇的科目開始學習
- 替孩子收集他想去的自由學校的相關資訊

充滿攻擊性的態度，或許象徵著「未能實現的希望」

孩子自行休學時，待在家裡、與家人生活的時間也會變多。就算採用了「自願休學儀式」，分享了休息的目的與生活規範，孩子還是有可能會與家人發生衝突。

發生衝突的導火線之一，或許是孩子充滿攻擊性的言行舉止。身為家長的你可能會因此大發雷霆，但是在此時糾正孩子的態度，只會造成反效果，讓彼此的關係變得更緊繃。

孩子的言行舉止之所以會充滿攻擊性，有時候與「未能完成的希望」

有關。父母親該做的事，是去了解孩子的心聲。

大罵「混蛋」的小孩，並不是真的想罵爸媽「混蛋」。大罵「氣死了」的小孩，也不只是因為內心焦躁而已。很有可能是因為有些事情未能如意，或是有些事情讓他覺得失望，卻無法充分發洩這些情緒，所以才藉由這些無禮的話表達。

所以，家長該在意的不是孩子「對父母說或做了什麼」，也不是告訴孩子「你一個人生悶氣的話，我們也不知道你在氣什麼」，而是**要將話題引導成「你希望怎麼做呢？」並傾聽孩子的願望。**引導孩子說出那些原本「不知道該如何表達的想法」，或許就能讓孩子說出真心話。

不要一直追問「為什麼」想休息

有些孩子會自己解釋為什麼不想去學校，有些小孩卻不一定會想說。**如果孩子沒有說，最好不要直接問孩子「為什麼不去學校」。**

舉個例子，聽到別人說「為什麼這麼亂？」的時候，大部分的人應該都會回答：「抱歉，我立刻整理。」換言之，「為什麼」其實是假借發問的名義，實際批判對方的字眼。所以，有不少孩子在被問到「為什麼」的時候，會覺得很有壓力。

父母親需要留意的是，要讓孩子能夠主動說出不想去學校的理由。依照①～③的順序讓孩子知道你的想法，再耐心地等待孩子開口吧。

①我知道你不是偷懶，是某些原因讓你想逃避學校。

②我們擔心的是你在學校是否有受到安全或健康上的威脅。

③你想告訴爸媽為什麼不想去學校的時候，我們隨時都願意傾聽。有必要的話，還會跟你一起解決問題。

孩子知道父母親為什麼想知道理由之後，或許也會認為「不如跟爸媽說說看好了」。**當你發現孩子想告訴你一些事情時，要立刻做出反應！**立刻告訴孩子「我隨時都願意聽」，透過態度讓孩子知道你的想法。如此一來，親子之間的互動就會朝向正面發展，也會越來越活絡。

煩惱時可以獲得支援的諮詢窗口與網站

Mex 十幾歲青少年專用的 諮詢窗口彙總網站	**https://me-x.jp/** 可針對孩子的各種煩惱，給予適當的諮詢資訊。 也介紹了與十幾歲的煩惱有關的讀物以及影片。
全天候小孩 SOS熱線	**0120-0-78310**（說出你的煩惱吧） 能打電話給在地的教育委員會諮詢機構。 可因應孩子的所有煩惱，晚上與假日也可撥打。
Child Line	**https://childline.or.jp/** 可透過上面的網址進行諮詢或聊天。 0120-99-7777（除夕夜與元旦除外，16:00～21:00） 18歲以下的孩子專用的諮詢窗口。
孩子的人權 110	**http://www.moj.go.jp/JINKEN/jinken112.html** 可透過上面的網址進行電子郵件諮詢。 **0120-007-110**（平日8:30～17:15） 法務局、地方法務局的職員、人權保護委員 將為孩子處理霸凌、虐待以及其他煩惱。
生命專線	**0570-783-556**（10:00～22:00） **0120-783-556**（每月10日上午８點到隔天上午８點為止） **https://www.inochinodenwa.org/** 可透過上面的網址進行線上諮詢。 這是專為有煩惱的人設立的諮詢窗口。 透過電子郵件諮詢時，可能得過幾天才能得到回信。
心理健康 諮詢統一熱線	**0570-064-556** 都道府縣、政令指定都市的諮詢窗口。 各都道府縣提供諮詢服務的日期與時間都不同。

關心熱線	**0120-279-338** **0120-279-226**（從岩手縣、宮城縣、福島縣撥打） 任何人都能諮詢任何事情。 電話諮詢專員將會提供諮詢服務。
NHK 福利入口網站	**http://www6.nhk.or.jp/heart-net/mukiau/** 可透過這個網址上傳痛苦的經驗與心情， 或是閱讀其他人上傳的訊息。
繭居族 地區支援中心 設置狀況列表	**https://www.mhlw.go.jp/content/12000000/000515493.pdf** 可提供繭居族或是繭居族家人諮詢服務。
全國精神保健 福利中心一覽表	**https://www.zmhwc.jp/centerlist.html** 保健師、精神保健福利士與其他專家將針對內心的煩惱提供諮詢服務。請於離家最近的中心的官網確認申請時間的細節。
兒童諮詢所 虐待救助熱線	**189**（最快） 可打電話給居住地區的兒童諮詢所，以及以匿名的方式通報虐待或是提供虐待相關的諮詢服務。相關諮詢內容不會外洩。

※截至2021年3月的資訊。

一起來 0ZFB0013

學校沒教的最高休息法

学校では教えてくれない 自分を休ませる方法

作 者 井上祐紀
譯 者 許郁文
主 編 林子揚
責任編輯 張展瑜

總 編 輯 陳旭華 steve@bookrep.com.tw
出版單位 一起來出版／遠足文化事業股份有限公司
發 行 遠足文化事業股份有限公司（讀書共和國出版集團）
231 新北市新店區民權路 108-2 號 9 樓
(02) 2218-1417
法律顧問 華洋法律事務所 蘇文生律師

封面設計 FE 設計
內頁排版 新鑫電腦排版工作室
印 製 通南彩色印刷有限公司
初版一刷 2025 年 1 月
定 價 420 元
I S B N 978-626-7577-09-7（平裝）
978-626-7577-07-3（EPUB）
978-626-7577-08-0（PDF）

GAKKO DEWA OSHIETE KURENAI JIBUN O YASUMASERU HOHO
©Yuki Inoue 2021
First published in Japan in 2021 by KADOKAWA CORPORATION, Tokyo.
Complex Chinese translation rights arranged with KADOKAWA CORPORATION, Tokyo through Keio Cultural Enterprise Co., Ltd.

有著作權・侵害必究（缺頁或破損請寄回更換）
特別聲明：有關本書中的言論內容，不代表本公司 / 出版集團之立場與意見，文責由作者自行承擔

國家圖書館出版品預行編目 (CIP) 資料

學校沒教的最高休息法 / 井上祐紀 著 ; 許郁文 譯 . -- 初版 . -- 新北市 : 一起來出版 , 遠足文化事業股份有限公司 , 2025.1
192 面 ; 14.8×21 公分 . --（一起來 ; ZFB0013）
譯自 : 学校では教えてくれない自分を休ませる方法

ISBN 978-626-7577-09-7（平裝）

1. CST: 兒童心理學 2. CST: 情緒教育

173.1 113015739